Le rôle d'initiative des administrations dans l'action publique

BIBLIOTHÈQUES DE DROIT

COLLECTION FONDÉE ET DIRIGÉE PAR JEAN-PAUL CÉRÉ

Cette collection a pour vocation d'assurer la diffusion d'ouvrages scientifiques sur des thèmes d'actualité ou sur des sujets peu explorés dans le domaine des sciences juridiques. Elle se destine notamment à la publication de travaux de jeunes chercheurs.

Dernières parutions :

C. BELLARD, Les crimes au féminin

W. BUIRON, Droits des patients en fin de vie et pouvoir médical

V. DA SILVA, Réussir son cas pratique en droit de la responsabilité

J.P. CÉRÉ, Droit disciplinaire pénitentiaire

C. GAFFURI et J. FROMGET, L'accueil des détenus dans les prisons françaises

R. COLSON, Les transformations de la justice pénale. Une comparaison franco-anglaise

S. CLEMENT, L'internement administratif des étrangers en situation irrégulière

J. GOURDOU, O. LECUCQ et J.Y MADEC (dir.), Le principe du contradictoire dans le procès administratif

D. CONNIL et J. DUVIGNAU (dir.), Droit public et cinéma

V. DA SILVA, Réussir son cas pratique en droit de la famille

O. LECUCQ et H. ALCARAZ (dir.), Collectivité territoriales et intégration des étrangers

C. MÉNABÉ, La criminalité féminine

BIBLIOTHÈQUE DE *DROIT PENAL*

Antoine Germon

Le rôle d'initiative des administrations dans l'action publique

Préface de Gildas Roussel

L'Harmattan

5-7, rue de l'Ecole-Polytechnique, 75005 Paris

http://www.harmattan.fr
diffusion.harmattan@wanadoo.fr
harmattan1@wanadoo.fr

ISBN : 978-2-343-04599-3
EAN : 9782343045993

Remerciements

Je tiens tout d'abord à remercier Monsieur Gildas Roussel qui, en tant que directeur de mémoire, m'a apporté une aide précieuse tout au long de ce travail de recherche. Sa rigueur m'a permis de pouvoir fournir un travail régulier, et ses points de vue m'ont toujours été utiles pour essayer d'avoir un regard critique sur le travail que j'avais pu effectuer.

Je remercie également Monsieur Alexandre Métais, agent du service national des douanes judiciaires, pour les informations importantes qu'il a pu me fournir et sa réactivité lorsque j'ai pu le contacter.

Principales abréviations

AJDA .... Actualité Juridique de Droit Administratif
AJFP .... Actualité Juridique de la Fonction Publique
AJ Pénal .... Actualité Juridique Pénal
APC .... Archives de Politique Criminelle
Art .... Article
Ass .... Assemblée
Cass. crim .... Chambre criminelle de la Cour de cassation
Cass. com .... Chambre commerciale de la Cour de cassation
C. com .... Code de commerce
C. conso .... Code de la consommation
C. douanes .... Code des douanes
C. envir .... Code de l'environnement
C. for .... Code forestier
C. just. mil .... Code de justice militaire
C. pén .... Code pénal
C. pr. pén .... Code de procédure pénale
C. rur .... Code rural
C. séc. soc .... Code de la sécurité sociale
C. transports .... Code des transports
C. trav .... Code du travail
C. voirie .... Code de la voirie routière
Cons. Const. .... Conseil Constitutionnel
CE .... Conseil d'Etat
CEDH .... Cour Européenne des Droits de l'Homme
Cf. .... *Confer*, voir
D. .... Recueil Dalloz
Dr. fisc .... Revue Droit fiscal
Dr. pén .... Revue Droit pénal
Ed .... Edition
Gaz. Pal .... Gazette du Palais
Ibid .... *Ibidem*, au même endroit

Infra .... Ci-dessous
JO .... Journal Officiel
JCP E .... Jurisclasseur, La semaine juridique édition Entreprises
JCP G .... Jurisclasseur, La semaine juridique édition Générale
LPA .... Les Petites Affiches
LPF .... Livre des Procédures Fiscales
OIT .... Organisation Internationale du Travail
Not .... Notamment
P, pp .... page(s)
Préc .... Précité
QP .... Questions Pénales
Rec .... Recueil Lebon
Rev. sc. crim .... Revue de science criminelle et de droit pénal comparé
RFD adm .... Revue française de droit administratif
S .... suivant
Supra .... Ci-dessus
Trib confl .... Tribunal des Conflits
V .... Voir

Préface

Gildas ROUSSEL

Maître de conférences à l'Université de Bretagne Occidentale

Il est des années fastes pour les enseignants quand ceux-ci rencontrent au sein d'un même master des étudiants brillants qui n'ont pas peur de s'attaquer à des sujets techniques, voire un peu déroutants. Antoine Germon fut l'un deux, Maxime Tessier un autre. Le hasard a voulu que Jean Danet et moi-même les dirigions respectivement et constitutions le jury de soutenance de leur mémoire. Quelle belle après-midi ce fût quand, aux côtés de celui qui fût à l'origine de ma vocation universitaire, nous pûmes échanger avec leurs auteurs sur des travaux d'une indéniable maturité scientifique.

L'école pénale nantaise confirme par là-même sa capacité à attirer d'excellents étudiants et leur faire produire des travaux de recherche originaux que les juristes plus confirmés pourront pertinemment utiliser. Par ailleurs, ayant chacun débuté dans les antennes délocalisées des deux Universités du Grand-Ouest, MM. Germon et Tessier démontrent que la qualité des étudiants et des formations n'est pas fonction de la taille des établissements d'enseignement supérieur.

Il est heureux que la Bibliothèque de droit pénal reconnaisse la valeur de la recherche de M. Germon et en permette la diffusion. Cette publication donne aussi l'occasion à l'auteur de ces lignes de s'adonner à un exercice nouveau pour lui, une préface au sein d'une collection qui lui est chère.

S'intéresser au rôle des administrations au sein de la procédure pénale ne va pas forcément de soi. Mais, après tout, le glaive de la répression n'est pas toujours tenu par la police nationale, la gendarmerie ou le parquet. Les administrations publiques aussi portent la rapière au côté, même si elles ne la dégainent pas souvent.

En effet, de toujours plus nombreuses branches du droit s'accompagnent d'un volet pénal pour la sanctionner. Qui mieux que les agents des administrations en charge de l'application de normes de plus en plus techniques, s'avèrent les plus compétents pour appréhender leur violation ? De plus, la diversification de la réponse pénale a ouvert des interstices permettant à certaines affaires de se retrouver au tribunal correctionnel alors qu'auparavant elles seraient restées dans des tiroirs administratifs. En outre, il n'est pas exclu de penser que les administrations, selon une logique clausewitzienne, considèrent parfois que la voie pénale constitue une continuation de leur politique par d'autres moyens.

Code des douanes, du travail, de l'environnement, forestier, des transports, de la voirie routière, de la consommation, rural, de justice militaire, du commerce, livre des procédures fiscales constituèrent donc le râtelier sur lequel M. Germon dût bâtir sa réflexion tout en maîtrisant la technicité de ce moment crucial que constitue la mise en mouvement de l'action publique. Non seulement, il se heurtait à l'instabilité de la procédure pénale mais aussi aux évolutions désordonnées des autres législations. La matière pénale est une mais pas indivisible.

Ce travail a justement consisté à rechercher les lignes forces de ce cubisme pénal, trouver les similitudes de pouvoirs, souligner les différences, pointer les incohérences, voire les archaïsmes. M. Germon dût s'immerger dans un océan de textes souvent inconnus des étudiants en droit, et peu connus des autres. Les trier, les comprendre, les synthétiser, les apprécier. Savoureux paradoxe, il lui fallut faire de la procédure pénale hors code de procédure pénale.

Ce faisant, son travail devient l'un des premiers à essayer de construire une étude transversale, bien qu'elle ne prétende pas à l'exhaustivité, non pas de la répression administrative, mais de la répression pénale initiée par l'administration. La nuance est d'importance, le cœur du sujet est là. Son originalité aussi.

Originalité des acteurs. Si les pouvoirs de la douane et de l'inspection du travail sont de mieux en mieux connus, qui, à part quelques initiés connaît les pouvoirs des récents inspecteurs de l'environnement ? Qui a remarqué l'obsolescence de l'appellation « *ingénieurs, les chefs de district et agents techniques des eaux et forêts* » qui figure pourtant aux articles 22 à 26 du code de procédure pénale ?

Originalité des mécanismes. Visite de locaux, droit de communication, plainte préalable, mise en demeure, avis, transaction, action fiscale. Autant d'outils au régime complexe, parfois dissemblable selon les matières. Monsieur Germon les décortique avec une vraie force pédagogique. Le plan chronologique de son ouvrage aide beaucoup à leur compréhension. Le lecteur sait toujours où il se trouve et vers où il est emmené.

Il découvrira les rapports complexes qu'entretiennent l'action publique classique mise en œuvre par le ministère public et l'action fiscale mise en œuvre par l'administration. La gémellité hétérozygote de ces deux actions peut en effet déstabiliser le juriste nourri au monopole des poursuites par le parquet ou au principe *Non bis in idem*. Elle peut surtout impressionner le prévenu puisqu'il affrontera deux adversaires puissants.

Les développements relatifs à cette action fiscale doivent alors être mis en perspectives avec ceux consacrés à la mise en demeure et à la transaction. Il en ressort que, même dans une procédure répressive, l'objectif de l'administration n'est pas seulement rétributif. Plus que la sanction de l'administré, elle recherche parfois plutôt sa mise en conformité ou le recouvrement de sommes dues.

Dès lors, le travail de M. Germon révèle bien l'ambivalence des administrations tantôt auxiliaires du parquet, tantôt concurrentes. Il met en exergue le fait qu'elles défendent d'abord leurs intérêts propres lesquels divergent parfois de ceux de la justice pénale. Il prend le temps d'expliquer les différentes procédures d'avis qui ne sont pas toujours exemptes d'une suspicion d'ingérence de l'exécutif vers le judiciaire. Et il n'hésite pas à joindre sa voix à ceux qui demandent la suppression de la plainte préalable en matière fiscale. Ses arguments sont alors implacables et renvoient le législateur à ses responsabilités.

Cet ouvrage dessine ainsi les prémices d'une ontologie de l'action répressive de l'administration avec la précision et la mesure du magistrat que M. Germon aspire à devenir. Quand celui-ci aura intégré la magistrature, ce qu'on lui souhaite, peut-être sera-t-il confronté à l'initiative d'une administration dans la mise en mouvement de l'action publique. Elle trouvera alors un interlocuteur bien informé.

Crozon, le 31 août 2014

Introduction

Le rôle du procureur de la République est passé de celui d'un « mécanicien de la poursuite pénale » à celui d'un « architecte d'un traitement social »[1]. Ces métaphores sont celles de Vincent Lesclous, lui-même procureur de la République près le tribunal de grande instance de Versailles. Ce magistrat entendait illustrer, à travers ces quelques mots bien pensés, les changements radicaux que la fonction de procureur de la République a pu connaître au cours des dernières décennies. Autrefois, jusqu'à une période que le procureur Lesclous fixe au milieu des années 1980, le rôle du procureur de la République, en tant que « mécanicien de la poursuite pénale », était centré sur la poursuite, avec comme but final l'obtention d'une condamnation lors d'une audience contradictoire. Désormais, en tant qu' « architecte d'un traitement social », le magistrat du parquet est chargé de mettre en place un mécanisme de réponse pénale, inclus dans un traitement social plus large qui n'est plus centré sur la seule poursuite, mais qui part d'éventuelles alternatives aux poursuites pour aller jusqu'à l'exécution des peines. Ce traitement social vise à répondre de la manière la plus efficace possible à un phénomène de délinquance, cette réponse pouvant passer par la poursuite devant les juridictions, mais pouvant également se caractériser par d'autres mécanismes.

---

[1] LESCLOUS (V.), Le procureur : du mécanicien de la poursuite pénale à l'architecte d'un traitement social, une fonction judiciaire républicaine, *Dr. pén.* 2013, n°6, p. 13.

Au cours de toutes ces années, le rôle du procureur de la République s'est considérablement épaissi, et il ne s'agit plus de définir ce magistrat comme un simple « déclencheur » des poursuites. Il a acquis de nouvelles compétences pour occuper de nouvelles fonctions, et étendre ainsi le champ dans lequel il peut intervenir. Mais l'ensemble de ces tâches, le procureur de la République ne peut plus les effectuer sans assistance et il doit nécessairement se reposer sur des assistants, ou sur des auxiliaires. C'est le cas par exemple en matière d'alternatives aux poursuites, où le procureur de la République peut s'entourer de délégués du procureur pour effectuer certaines missions telles que prononcer les rappels à la loi. Mais c'est également le cas en matière de mise en mouvement de l'action publique, où le procureur de la République a la possibilité de faire appel à des tiers qui peuvent influer sur le processus d'engagement des poursuites. Ces tiers peuvent, dans certaines situations, être des administrations. Celles-ci peuvent en effet avoir un rôle d'initiative à jouer quant à la mise en mouvement de l'action publique, et c'est ce rôle qu'il convient d'approfondir au cours de cette étude.

Il convient tout d'abord de préciser ce qu'il faut entendre par administration. Pour Jean Waline, l'administration peut désigner d'une part l'activité, c'est-à-dire le fait d'administrer, de gérer une affaire, auquel cas on retient une qualification matérielle de l'administration D'autre part, l'administration peut renvoyer à l'organe exerçant cette activité, ce qui constitue une acception plus organique de ce concept. Dans le cadre de cette étude, il convient de retenir cette conception plus organique de l'administration, que l'on peut alors définir comme « un ensemble d'organes par lesquels sont conduites et exécutées des tâches publiques »[2]. Ce qui semble essentiel pour définir l'administration, c'est de se référer aux « tâches publiques » qu'elle est chargée

---

[2] WALINE (J.), *Droit administratif*, Dalloz, 22ème éd., 2008, p. 1.

d'exécuter. L'action de l'administration se distingue ainsi de l'action des particuliers à deux niveaux : tout d'abord s'agissant du but de l'action administrative, mais aussi s'agissant des moyens de cette dernière.

Lorsqu'elle agit, l'administration le fait dans la recherche de l'intérêt public. Contrairement à un particulier, son action ne vise pas la recherche d'un avantage personnel. Au contraire, « le moteur de l'action administrative est essentiellement désintéressé, c'est la poursuite de l'intérêt général »[3]. C'est donc toujours dans un objectif de satisfaction de l'utilité publique, de l'intérêt du plus grand nombre que l'administration doit agir. Mais cet intérêt général peut varier d'une époque à une autre ou d'une société à une autre, ce qui impliquera alors des choix différents de l'administration. Néanmoins, même si ce but peut entraîner des variations dans la position de l'administration, qui doit s'adapter à cette utilité publique, c'est toujours ce même objectif qui gouverne l'action administrative. Elle doit obéir à l'intérêt public.

Si l'action administrative répond à un objectif particulier, elle dispose également de moyens originaux. L'administration dispose ainsi de prérogatives de puissance publique, c'est-à-dire « de privilèges qu'on lui reconnaît pour faire prévaloir l'intérêt général lorsqu'il se trouve en conflit avec des intérêts particuliers »[4]. Ainsi, contrairement aux particuliers qui se situent dans une situation d'égalité lorsqu'ils traitent entre eux, les relations pouvant exister entre l'administration et des particuliers sont placées sous le signe de l'inégalité, l'intérêt général défendu par l'administration étant jugé plus important que les intérêts des particuliers. Lorsqu'elle le juge nécessaire, l'administration peut faire jouer sa supériorité vis-à-vis des particuliers en

---

[3] WALINE (J.), *Droit administratif, préc.*. p. 2.

[4] *Ibid.* p. 3.

mettant en œuvre ses prérogatives de puissance publique. Néanmoins, l'action administrative n'est pas limitée à ces procédés autoritaires, et elle peut très bien également chercher à obtenir l'accord du particulier en utilisant la technique du contrat. L'administration est en effet habilitée à conclure des contrats, qui bien que particuliers en tant que contrats administratifs, produiront les mêmes effets que les contrats de droit civil. L'accord de volontés entre l'administration et les particuliers donnera donc force de loi aux dispositions qui auront été convenues.

L'administration peut par ailleurs exercer ses compétences à des niveaux variés. Outre l'administration centrale, qui agit au nom de l'Etat français, il existe en effet des administrations à caractère territorial, telles que les régions, les départements ou les communes. Néanmoins, lorsqu'on vise l'Administration française, on ne considère que l'administration centrale, l'administration étatique, en ce qu'elle agit pour le compte de l'Etat sur l'ensemble du territoire national. Pour le compte de cette étude, les administrations territoriales seront donc laissées de côté. Il en sera de même du maire, qui en tant qu'élu local, ne peut être rattaché à l'administration centrale[5]. L'objet de cette étude est ainsi centré sur le rôle de l'Etat, qui agit sur la procédure pénale par le biais de ses administrations centrales qui en sont des émanations directes.

Les organisations, qui peuvent éventuellement exercer également une action administrative, mais qui ne sont pas des émanations directes de l'Etat ne feront pas non plus l'objet de cette étude. C'est le cas d'une part des autorités administratives indépendantes, qui ont justement été créées pour être indépendantes du pouvoir central, puisqu'elles ne

---

[5] Le pouvoir de transaction conféré au maire par l'article 44-1 du Code de procédure pénale n'entre donc pas dans l'objet de cette étude.

sont pas soumises à l'autorité hiérarchique d'un ministre[6]. Historiquement, les pouvoirs des autorités administratives indépendantes étaient ainsi des pouvoirs appartenant à des administrations centrales, mais qu'on a entendu sortir de la hiérarchie des ministères pour les confier à des entités indépendantes du pouvoir central, afin qu'elles puissent exercer leur action sans être influencées par celui-ci. Cette indépendance fait sortir ces autorités administratives indépendantes de l'objet de cette étude, et ce bien que certaines d'entre elles puissent avoir un rôle à jouer en matière de procédure pénale[7].

D'autre part, c'est également le cas des établissements publics, tels que la SNCF et la RATP. Ces établissements assurent pourtant la gestion d'un service public, et participent en cela à la protection de l'intérêt général, comme le fait l'administration centrale. Toutefois, ces établissements possèdent leur propre personnalité juridique, et agissent donc en totale autonomie vis-à-vis de l'Etat. Si celui-ci peut leur confier une mission de service public, telle que le transport des voyageurs pour la SNCF et la RATP, ce n'est nullement dans un rapport hiérarchique. L'autonomie de ces établissements publics vis-à-vis de l'administration centrale les fait, là encore, sortir de l'objet de cette étude, et ce malgré les pouvoirs qu'ils peuvent avoir en matière de procédure pénale[8].

Il convient donc de considérer comme administration, dans le cadre de cette étude, tout ensemble d'organes agissant dans l'intérêt général, disposant de prérogatives de

---

[6] WALINE (J.), *Droit administratif, préc.* p. 70.

[7] C'est le cas par exemple du nouveau Défenseur des Droits, qui a reçu la possibilité de conclure une transaction par l'article 28, II de la loi du 29 mars 2011.

[8] Et notamment la procédure d'amende forfaitaire, assimilable à une transaction, que ces établissements sont habilités à conclure sur le fondement de l'article 529-3 du Code de procédure pénale.

puissance publique, et étant une émanation directe de l'Etat. Outre le concept d'administration, il s'agit également de préciser le concept d'action publique.

Lorsqu'une infraction est commise par un individu, cela fait naître l'action que l'on appelle action publique. Celle-ci est considérée comme étant la propriété de la société, puisqu'elle est exercée pour obtenir la réparation du trouble social qu'a pu causer la commission de l'infraction[9]. Cette réparation se concrétise, dans la majorité des situations, par le prononcé d'une sanction pénale. En cela, l'action publique se distingue de l'action civile, qui vise exclusivement la réparation d'un préjudice, qui peut être matériel ou moral, que la commission de l'infraction a pu causer à la victime. Cette action civile est ainsi totalement indépendante de la société, et n'appartient qu'à la victime qui cherche à obtenir réparation. Si l'action publique vise la réparation d'un préjudice collectif, un trouble à l'ordre social, l'action civile ne cherche à réparer qu'un préjudice individuel.

Puisque la société ne peut exercer elle-même l'action publique, il revient donc au ministère public de la mettre en mouvement[10], et donc d'obtenir la sanction pénale adaptée pour que le trouble social causé par la commission de l'infraction soit réparé. L'exercice de l'action publique dépend donc du procureur de la République qui est chargé, au nom de la société, de requérir le prononcé d'une sanction pénale contre les individus ayant commis des infractions. Dans sa mission d'exercice de l'action publique, le procureur de la République dispose d'une libre appréciation de l'opportunité des poursuites. Conformément à l'article 40 du Code de procédure pénale, « il apprécie la suite à leur [aux plaintes et aux dénonciations] donner ». Il doit donc déterminer ce qui lui semble le plus approprié à la situation

---

[9] RENAULT-BRAHINSKY (C.), *Procédure pénale*, Lextenso, 2ème éd., 2008.
[10] C. pr. pén., art 31.

qu'il examine. Il dispose pour cela de plusieurs possibilités, pouvant soit classer sans suite, soit mettre en œuvre une procédure alternative aux poursuites, soit engager les poursuites[11].

Pour pouvoir prendre cette décision en toute connaissance de cause, il est nécessaire que le procureur de la République dispose d'informations suffisantes sur les circonstances de commission de l'infraction ainsi que sur la personnalité de l'auteur de cette dernière. Le rassemblement de ces éléments relève des missions de la police judiciaire qui « est chargée de constater les infractions à la loi pénale, d'en rassembler les preuves et d'en rechercher les auteurs tant qu'une information n'est pas ouverte »[12]. Ainsi, l'exercice de l'action publique par le ministère public ne peut pas se réaliser dans de bonnes conditions si la police judiciaire n'a pas, préalablement, obtenu des éléments suffisants sur l'infraction. Au moment de décider s'il doit exercer ou non l'action publique, le procureur de la République est donc en partie dépendant des informations que lui donne la police judiciaire. C'est ce qui impose une collaboration importante entre les membres du ministère public et de la police judiciaire. En effet, si le procureur de la République est seul au moment d'exercer l'action publique, il n'est pas, pour autant, esseulé.

Outre la police judiciaire, il peut également se tourner vers des organes spécialisés pour obtenir leur avis sur l'exercice de l'action publique. Il peut par exemple consulter l'autorité de la concurrence, lorsqu'il est saisi de pratiques anticoncurrentielles[13]. La consultation de ces organes permet ainsi au ministère public d'obtenir des informations éclairées sur des infractions qu'il est parfois compliqué de maîtriser

---

[11] C. pr. pén., art 40-1.

[12] C. pr. pén. art 14.

[13] C. com. art L462-3.

parfaitement, en raison de leur grande technicité due au fait qu'elles concernent des domaines très particuliers qui sont assez éloignés du droit pénal général que le procureur de la République est habitué à traiter quotidiennement. Ces organes sont alors présents pour apporter leur expertise technique et donner au ministère public toutes les clés pour que la décision sur l'opportunité des poursuites soit prise en toute connaissance de cause. Mais, cette décision reste l'entière propriété du ministère public, qui sera seul chargé de décider si les poursuites sont opportunes ou non.

En revanche, la loi a prévu dans certaines situations que le ministère public était tenu de partager ce monopole qu'il a en principe sur l'exercice de l'action publique. Pour certaines infractions techniques, le législateur a ainsi jugé qu'il pouvait être intéressant que des administrations jouent un rôle dans l'exercice de l'action publique. Des administrations telles que l'administration douanière, l'administration fiscale ou encore l'inspection du travail se sont vues confier des compétences quant à la mise en mouvement de l'action publique. Ces missions, qui sont pour certaines assez anciennes puisqu'existant déjà sous la IIIème République, retrouvent aujourd'hui tout leur intérêt dans une époque où on cherche d'une part à rationaliser les poursuites et d'autre part à repenser le rôle du ministère public.

Tout d'abord, les dernières décennies se sont assez nettement inscrites dans une volonté de rationalisation des poursuites engagées. On cherche ainsi à obtenir la plus grande efficacité dans le traitement des dossiers pénaux, et pour cela de nouveaux mécanismes ont été créés pour essayer de répondre du mieux possible à la variété des infractions qu'il faut poursuivre. Ainsi, la création de la comparution sur reconnaissance préalable de culpabilité par la loi du 9 mars 2004[14] ou le développement du recours aux

---

[14] C. pr. pén., art 495-7 et suivants.

ordonnances pénales délictuelles pour traiter le contentieux de masse, tel que le contentieux de la route, se fondent parfaitement dans cette logique d'efficacité. On ne cherche plus à conduire le maximum de dossiers en audience, au tribunal correctionnel ou au tribunal de police, car en réalité les tribunaux sont totalement engorgés et n'ont pas les moyens de traiter l'ensemble des dossiers. Il faut donc mettre en place une logique de gestion des flux[15], pour que la justice pénale puisse rendre une réponse adaptée et dans un temps raisonnable à l'infraction qui lui est soumise.

Cette gestion des flux ne peut, par ailleurs, être réalisée que par le procureur de la République, qui, grâce au principe de l'opportunité des poursuites, se présente comme le seul acteur qui peut orienter les dossiers vers les canaux les moins engorgés[16]. Ce procureur de la République est en outre au cœur des réflexions actuelles, puisqu'un rapport récent remis à Mme la Garde des sceaux propose une refonte du rôle du ministère public[17]. Ce rapport, à travers une liste de 67 propositions diverses et variées, vise à pallier à une crise profonde que connaît le ministère public, à qui on demande sans cesse davantage avec des moyens inférieurs. Concentrant ses propositions autour de quatre axes, la conduite et la déclinaison de la politique pénale, la direction de la police judiciaire, l'évolution de la définition des champs de compétence du parquet et l'organisation des parquets[18], ce rapport cherche avant tout à proposer différentes idées pouvant guider des réformes pénales qui pourraient être mises en place dans les années à venir.

---

[15] DANET (J.), *Justice pénale, le tournant,* Gallimard, 2006, p. 145.

[16] Cette gestion des flux se traduit notamment par le traitement en temps réel mis en place au niveau de chaque parquet.

[17] NADAL (J.-L.), *Refonder le ministère public,* Rapport remis à Mme la Garde des Sceaux en novembre 2013.

[18] *Ibid.* p. 4-5.

Ce rapport dénote une évolution dans la manière de penser le ministère public, puisque l'une des propositions phares de ce rapport est de « recentrer l'activité du parquet sur l'exercice de l'action publique dans les affaires individuelles »[19]. L'essence de la fonction de procureur de la République est en effet l'exercice de l'action publique, et ce rapport insiste sur le fait que cela a parfois été oublié au profit de missions jugées plus accessoires. Il faut donc redonner à l'exercice de l'action publique une importance plus grande dans les fonctions du parquet, tant cette phase est essentielle dans la procédure pénale. Mais le parquet n'est pas le seul acteur intervenant au moment de la mise en mouvement de l'action publique, et s'il est important de recentrer l'action du ministère public sur l'engagement des poursuites, il devient alors très intéressant de se pencher sur ces acteurs avec qui le procureur de la République doit traiter au moment de la mise en mouvement de l'action publique. Parmi ces acteurs, se trouvent les administrations qui peuvent jouer un rôle important face à certaines infractions.

Historiquement, ces administrations disposant de pouvoirs quant à la poursuite d'infractions étaient « les Contributions indirectes, les Douanes, les Eaux et Forêts, les Ponts et Chaussées et, à un degré moindre, les Postes et Télécommunications »[20]. Ces vieilles administrations existent encore aujourd'hui, même si certaines ont vu leur dénomination évoluer. Pour autant, de nouvelles administrations ont reçu des pouvoirs quant à l'action publique, que ce soit sur sa mise en mouvement à proprement parler, mais aussi sur la phase préalable à la mise en mouvement, et notamment sur la constatation des infractions. C'est le cas par exemple de l'inspection du travail, de la direction générale de la concurrence, de la

---

[19] NADAL (J.-L.), *Refonder le ministère public, préc.* Proposition n°26, p. 45.

[20] MERLE (R.), VITU (A.), *Traité de droit criminel, Procédure pénale*, Cujas, 5ème éd., 2001, p.50.

consommation et de la répression des fraudes ou encore de l'administration de l'environnement.

Les administrations peuvent disposer de pouvoirs lors de la mise en mouvement de l'action publique, mais également avant, en constatant des infractions par exemple, ou après, par la conclusion d'une transaction. Si le législateur a entendu faire participer ces administrations à la procédure pénale et notamment à la phase d'engagement des poursuites, c'est notamment en raison des compétences que possèdent les agents de ces administrations. Ces fonctionnaires sont en effet des agents spécialisés, qui peuvent ainsi apporter leur expertise à des magistrats du ministère public qui sont avant tout des juristes, et qui ne sont donc pas forcément pointus en matière fiscale ou encore en matière forestière.

Ces fonctionnaires sont ainsi visés par le Code de procédure pénale, tant en son article 1er en ce qui concerne la mise en mouvement de l'action publique, qu'en son article 28 en ce qui concerne l'exercice de pouvoirs de police judiciaire, et donc la possibilité pour ces agents de constater des infractions.

L'objectif de cette étude n'est pas de lister de manière complète et exhaustive l'ensemble des prérogatives dont disposent les administrations en matière de procédure pénale. Cela serait un travail fastidieux et inintéressant tant ces pouvoirs peuvent être divers et variés et recouper des réalités totalement différentes selon l'administration en cause. Il s'agit davantage d'essayer de comprendre l'influence qu'elles peuvent avoir sur le processus de déclenchement des poursuites.

Le but de cette étude est ainsi de se demander comment les administrations centrales, par le biais de leurs fonctionnaires mentionnés aux articles 1er et 28 du Code de procédure pénale, sont-elles à l'origine et participent-elles à l'exercice de poursuites contre les auteurs d'infractions à la loi pénale. Il s'agit également de comprendre comment ces administrations influencent-elles le déclenchement du processus pénal, afin d'assurer une poursuite effective d'infractions techniques sanctionnant la violation de règles juridiques complexes. Enfin, cette étude cherche aussi à saisir quels sont les liens de ces administrations avec le parquet, en principe seul titulaire du pouvoir d'exercer l'action publique.

Pour essayer de répondre à ces interrogations, qui ont donc pour but d'essayer de dégager la logique de l'intervention de ces administrations dans le processus d'engagement des poursuites, il semblait assez cohérent de retenir un traitement chronologique des pouvoirs offerts à ces fonctionnaires.

En effet, les pouvoirs de ces administrations sont divers et peuvent en réalité intervenir à des moments assez variés du processus d'enclenchement des poursuites. Pour essayer d'approfondir ces pouvoirs, ceux-ci seront donc exposés en suivant l'ordre chronologique que peut connaître le traitement d'une infraction, en partant de la constatation de celle-ci, puis en passant par la mise en mouvement de l'action publique à proprement parler, c'est-à-dire la saisine des juridictions pénales, pour finir par l'extinction éventuelle de cette action publique.

Il apparaît en effet que la mise en mouvement de l'action publique ne peut avoir lieu sans l'existence d'actions préalables, qui peuvent notamment être réalisées dans une affaire classique par la police judiciaire, mais pour lesquelles l'administration peut également avoir un rôle à jouer. C'est notamment le cas à propos de la constatation de l'infraction, sans laquelle l'action publique ne peut évidemment pas être engagée. Le rôle de l'administration ne se limite donc pas à la simple saisine d'une juridiction pénale.

Cette étude sera ainsi divisée en deux grands axes, d'abord l'action des administrations pour préparer la saisine des juridictions pénales (Partie 1), ensuite l'action des administrations lors de la saisine des juridictions pénales (Partie 2).

Cette distinction paraît assez intéressante en ce que l'administration n'agit pas nécessairement de la même façon selon qu'elle prenne un acte pour préparer la saisine des juridictions pénales, ou selon qu'elle agisse pour saisir ces juridictions. Dans un premier temps, l'administration joue ainsi le rôle d'auxiliaire du parquet, c'est-à-dire qu'elle vient prendre un acte pour que le procureur de la République puisse par la suite engager les poursuites qui lui semblent nécessaires. Dans ce premier temps, le rôle de l'administration est indispensable au ministère public qui doit compter sur les actes pris par les agents de ces administrations pour pouvoir agir. Dans un second temps, l'administration agit davantage en concurrence du ministère public, puisqu'elle prend des actes que le procureur de la République aurait lui-même pu prendre si l'administration n'avait pas agi. C'est le cas par exemple lorsque l'administration saisit les juridictions. Dans ce second temps, l'administration joue un rôle plus autonome où elle agit de manière parallèle au ministère public.

Dans son action vis-à-vis de la mise en mouvement de l'action publique, une administration peut donc être successivement l'auxiliaire du ministère public, avant d'en devenir la concurrente.

1ère PARTIE

L'ACTION DES ADMINISTRATIONS POUR LA SAISINE DES JURIDICTIONS PENALES

Chapitre 1. La nécessité d'une constatation d'infractions par les administrations

Au titre de l'article 15 3°) du Code de procédure pénale, la police judiciaire comprend « les fonctionnaires et agents auxquels sont attribués par la loi certaines fonctions de police judiciaire ». Si la loi accorde donc certains pouvoirs de police judiciaire aux fonctionnaires (Section 1), elle a fait le choix de donner des pouvoirs élargis, plus importants en ce qu'ils peuvent porter atteinte aux libertés des individus, aux agents de certaines administrations (Section 2).

Section 1. Les pouvoirs de police judiciaire accordés aux fonctionnaires

Les fonctionnaires des administrations publiques disposent de pouvoirs de police judiciaire, s'agissant principalement du domaine de compétence qui est le leur. Dans ce cadre, ils ont donc pouvoir pour rechercher les infractions (§ 1). Une fois qu'ils ont relevé l'existence d'une infraction, ils ont pouvoir pour la constater par procès-verbal (§ 2).

§ 1. La recherche d'infractions par les agents publics

Si les agents des administrations disposent du pouvoir de rechercher des infractions, cela est principalement dû au fait qu'il s'agit d'infractions techniques (A) que les officiers de police judiciaire ne pourraient constater que très difficilement. Aussi, ces agents publics ont obligation de se limiter aux compétences que la loi leur offre (B), ne pouvant ainsi rechercher les infractions que dans le domaine de compétence que la loi leur a prévu.

A. Des pouvoirs d'enquête relatifs à des infractions techniques

Afin de procéder à la recherche d'infractions techniques, les agents des administrations se sont vus attribuer des pouvoirs de police judiciaire, soit par le Code de procédure pénale (1), soit par des lois spéciales (2).

1. L'attribution de pouvoirs de police judiciaire par le Code de procédure pénale

Le Code de procédure pénale pose tout d'abord la base des pouvoirs de police judiciaire accordés aux fonctionnaires, puisque l'article 15 les intègre à la police judiciaire. Cet article renvoie pour le reste à la loi, qui est chargée d'attribuer ces pouvoirs aux agents des administrations. Le premier texte de loi qui attribue aux agents d'une administration des pouvoirs de police judiciaire est le Code de procédure pénale lui-même. Ainsi, l'article 22 de ce code offre le pouvoir de rechercher et de constater les infractions aux « ingénieurs, chefs de district et agents techniques des eaux et forêts ». Il s'agit donc d'agents spécialisés dans le domaine de l'environnement, et qui ont ainsi les compétences pour pouvoir rechercher des infractions techniques en ce domaine. Ils peuvent par exemple constater des infractions au Code forestier, au Code de l'environnement ou encore au Code rural et de la pêche maritime. Ce sont alors des infractions techniques, qui nécessitent des compétences particulières pour qu'elles puissent être relevées. Il peut ainsi s'agir, à titre d'exemple, de l'interdiction faite à un acheteur d'un bois appartenant au domaine forestier de l'Etat de déposer dans ses coupes des bois provenant d'une autre origine[21]. Le Code de procédure pénale vient ainsi donner pouvoir à des agents des administrations pour rechercher et constater des infractions qui ne sont pas prévues par le Code pénal, mais au contraire par les dispositions pénales présentes dans d'autres codes ou textes de lois.

La rédaction de ces articles du Code de procédure pénale attribuant des pouvoirs de police judiciaire aux agents de l'administration des Eaux et Forêts n'a pas été révisée depuis l'entrée en vigueur du Code le 2 mars 1959, et c'est ce qui explique en partie l'obsolescence des termes utilisés. Aujourd'hui, l'appellation « Eaux et Forêts », apparue pour la première fois dans une ordonnance de 1291 du roi Philippe IV le Bel, ne renvoie plus à une administration particulière, et ce depuis la naissance de l'Office National des Forêts en 1964[22]. C'est pour faire face à ces bouleversements que le projet d'un nouveau Code forestier est né, cette perspective ayant abouti avec l'ordonnance du 26 janvier 2012 créant la partie législative de ce nouveau Code forestier[23]. Néanmoins, les dispositions du Code de procédure pénale ne pouvaient être modifiées par cette ordonnance, qui avait été autorisée par une loi de 2010 ne fixant comme habilitation au pouvoir réglementaire que la refonte de la partie législative du Code forestier[24].

Pour que les dispositions du Code de procédure pénale puissent à leur tour être actualisées, il est nécessaire que la loi de ratification de l'ordonnance soit adoptée par le Parlement. Or, si le Sénat a adopté ce projet de loi de ratification le 7 février 2013, en prévoyant l'actualisation des termes du Code de procédure pénale en son article 3, ce projet de loi est

---

[21] C. for. Art. L213-15

[22] Par la loi de finances rectificative n°64-1278 du 23 décembre 1964

[23] Ordonnance n°2012-92 du 26 janvier 2012

[24] Art 69, Loi n°2010-874 du 27 juillet 2010

désormais en attente à l'Assemblée Nationale depuis plus d'un an et la saisine de la commission des affaires économiques. Tant que l'Assemblée Nationale n'aura pas adopté ce texte, les dispositions du Code de procédure pénale resteront obsolètes. En revanche, une fois cette loi de ratification adoptée, l'article 22 du Code mentionnera, sauf amendement déposé par un député, « les agents des services de l'Etat en charge des forêts, les agents en service à l'Office national des forêts ainsi que ceux de l'établissement public du domaine national de Chambord », ce qui actualisera donc l'expression utilisée depuis 1959.

Si le Code de procédure pénale attribue des pouvoirs de police judiciaire aux agents des Eaux et Forêts, son article 28, qui mentionne « les fonctionnaires et agents des administrations et services publics auxquels des lois spéciales attribuent certains pouvoirs de police judiciaire », a pu servir de base à la reconnaissance de pouvoirs de police judiciaire aux fonctionnaires par ces lois spéciales.

2. L'attribution de pouvoirs de police judiciaire par des lois spéciales

Il existe de nombreux textes qui prévoient la possibilité pour les fonctionnaires de rechercher et de constater des infractions pénales, et il est impossible d'en donner une liste exhaustive. Ces pouvoirs attribués aux agents des administrations sont généralement créés par les dispositions pénales de lois traitant de domaines techniques et particuliers, ces dispositions étant souvent codifiées dans des codes autres que le Code pénal ou le Code de procédure pénale.

Le premier texte à donner compétence aux agents d'une administration pour procéder à la recherche et à la constatation d'une infraction a été une ordonnance de 1945 relative à la constatation, la poursuite et la répression des infractions à la législation économique[25]. Cette ordonnance permettait aux agents de la direction générale du commerce intérieur et des prix de dresser un procès-verbal pour la constatation d'infractions listées à l'article 1er de ce texte, qui étaient principalement des infractions aux règles des prix ou de la facturation. Mais ce texte va peu à peu s'avérer insuffisant, et de nouvelles règles attribuant des pouvoirs de recherche et de constat d'infractions à des fonctionnaires vont apparaître. Ainsi, les agents habilités par le ministre chargé de l'économie ont reçu le pouvoir de rechercher les infractions en matière de concurrence[26]. De même, les agents des douanes peuvent désormais constater « les infractions aux lois et règlements douaniers »[27].

S'est ainsi développé un arsenal permettant aux agents des administrations de rechercher un nombre important d'infractions, notamment des infractions économiques. Cela s'explique en particulier par la difficulté pour un non initié de pouvoir constater l'existence d'une violation à une réglementation économique. Il s'agit en effet d'infractions dissimulées, qui nécessitent de maîtriser parfaitement la réglementation en vigueur pour pouvoir être constatées. Autant les éléments constitutifs de l'infraction de vol peuvent être assez aisément constatés, autant les éléments constitutifs des pratiques anticoncurrentielles[28] sont bien plus compliqués à relever.

Face à cette difficulté, la loi a choisi de se servir des compétences dont disposent les agents des administrations pour lutter le plus efficacement possible contre ces infractions techniques. La lutte contre ces infractions ne pouvait, en effet, pas être confiée aux agents des services de

---

[25] Ordonnance n°45-1484 du 30 juin 1945.

[26] C. com. art L450-1.

[27] C. douanes, art 323.

[28] C. com. art L420-1.

police ou de gendarmerie, qui ne disposent pas de compétences particulières en la matière.

Afin d'assurer au maximum l'efficacité de la recherche de ces infractions particulières, le législateur a, en outre, choisi de déterminer une liste d'agents compétents pour constater certaines infractions pouvant relever de la qualification de fonctionnaires d'administrations différentes. Ainsi, l'article L215-1 du Code de la consommation dresse une liste de 13 catégories d'agents, outre les officiers et les agents de police judiciaire, compétents pour rechercher et constater les infractions relatives à la consommation. De la même manière, l'article L1451-1 du Code des transports attribue à 4 types de fonctionnaires la compétence de rechercher et constater les infractions relatives aux conditions d'accès et d'exercice des professions des transports ferroviaire et routier.

Cette technique a été utilisée à de nombreuses reprises par le législateur, que ce soit dans le domaine des infractions économiques, mais aussi pour les infractions relatives à l'environnement ou à la santé publique. Cette technique de listage a deux vertus. Elle permet tout d'abord de multiplier les chances de constater une infraction parfois difficile à relever, en autorisant plusieurs fonctionnaires à contrôler la réglementation. Elle permet aussi d'éviter un certain cloisonnement dans la constatation des infractions, qui empêcherait un agent ayant constaté une première infraction de relever l'existence d'une seconde infraction, de nature légèrement différente et qui ne relèverait alors pas de sa compétence.

Cela permet ainsi aux fonctionnaires d'avoir un domaine de compétence suffisamment large pour pouvoir constater les infractions qu'ils ont l'occasion de rencontrer. Pour autant, s'ils ont connaissance d'une infraction ne relevant pas de leurs compétences, ils n'ont pas pouvoir pour la constater. Les fonctionnaires ont en effet l'obligation de se limiter aux compétences que la loi leur a octroyées.

B. La nécessité de se limiter aux compétences prévues par la loi

Les fonctionnaires qui disposent d'un pouvoir de recherche et de constatation des infractions l'ont obtenu en raison de leurs compétences dans des domaines particuliers. La loi leur a donc fixé un domaine de compétence (1) qu'ils doivent respecter, sous peine de nullité (2).

1. La fixation d'un domaine de compétence attribué au fonctionnaire

Afin de pouvoir lutter efficacement contre des infractions techniques, le législateur a attribué aux agents de certaines administrations les pouvoirs de rechercher et de constater ces infractions. Néanmoins, il n'a pas entendu confier à ces fonctionnaires le pouvoir de constater toutes les infractions à la loi pénale. Le fonctionnaire qui se voit attribuer des pouvoirs de constat d'infraction n'a ainsi compétence que pour relever l'existence d'infractions qui sont listées par la loi.

A chaque fois qu'un texte attribue à un fonctionnaire les pouvoirs de recherche et de constat d'infractions, il prend la peine de préciser pour quelles infractions ces pouvoirs sont valables. Ainsi, les articles L215-1 du Code de la consommation et L1451-1 du Code des transports définissent les infractions avant même de dresser la liste des fonctionnaires compétents. Il en est de même pour l'article 323 du Code des douanes qui mentionne « les infractions aux lois et règlements douaniers ». Ces infractions sont la plupart du temps définies par rapport aux domaines de compétences auxquels elles renvoient.

Le fonctionnaire qui souhaite procéder à la recherche d'une infraction est donc tenu de respecter ces restrictions législatives, et ne peut donc relever que les infractions pour lesquelles la loi lui a attribué un pouvoir. C'est ce qu'a rappelé la Cour de cassation dans un arrêt où la Haute Juridiction a pris un attendu de principe révélateur sur le sujet : « attendu que les pouvoirs d'investigation conférés (…) à certains fonctionnaires par des lois spéciales ne peuvent être exercés que dans les conditions et dans les limites fixées par les textes qui les prévoient »[29]. La Cour de cassation vient ainsi rappeler les limites que doivent respecter les agents des administrations lorsqu'ils font usage de leurs pouvoirs de recherche et de constat des infractions. En l'espèce, se basant sur ces pouvoirs qui leur sont attribués par l'article 323 du Code des douanes, des agents des douanes avaient constaté une infraction au Code de la route. Or, cette infraction ne relève pas du domaine de compétence que leur a attribué cet article du Code des douanes.

L'attendu de principe des juges de cassation se poursuivait ainsi : « sans qu'il leur [les fonctionnaires] soit permis de mettre en œuvre, par un détournement de procédure, des pouvoirs que la loi ne leur a pas reconnu ». Pour Jean Pannier, les juges de cassation s'inscrivent, par cet attendu, dans la chasse au détournement de procédure[30]. Cette pratique, qui consiste pour un agent à s'approprier les pouvoirs qu'un texte prévoyait pour un fonctionnaire autre que lui, a été utilisée régulièrement par les agents publics pour constater des infractions. Dans une intervention au Sénat en 1983, le ministre délégué au budget de l'époque, M. Henri Emmanuelli, avait ainsi reconnu que l'administration fiscale avait détourné plus d'un millier de fois les pouvoirs créés par l'ordonnance du 30 juin 1945 relative à la

---

[29] Cass. Crim. 18 décembre 1989 n°89-81659.

[30] PANNIER (J.), note sous Crim. 18 déc. 1989, *D.* 1991, p.174

constatation, la poursuite et la répression des infractions à la législation économique pour pouvoir constater des infractions que cette ordonnance ne prévoyait pas, et notamment des infractions fiscales[31].

Ces détournements de procédure, qui expliquent en partie l'extension des pouvoirs de recherche et de constatation d'infractions à davantage de fonctionnaires, ont été par la suite strictement contrôlés par les juges du siège, qui ont entendu faire une application textuelle des lois et des règlements attribuant des pouvoirs de constatation d'infractions aux fonctionnaires, comme le montre l'attendu de principe posé par la Cour de cassation.

Les fonctionnaires disposent donc d'un domaine dans lequel ils sont habilités à rechercher et constater des infractions techniques. En dehors de ce domaine, défini par la loi ou par le règlement, ces fonctionnaires n'ont pas le pouvoir d'intervenir. La sanction des actes qu'ils prendraient en violation de ces dispositions serait alors la nullité.

2. La nullité des actes pris en violation des dispositions légales

Le fonctionnaire qui constate une infraction pour laquelle il n'avait pas ce pouvoir s'expose à voir l'acte qu'il a pris frappé de nullité. Ainsi, la Cour de cassation a refusé de tenir compte d'un procès-verbal d'un inspecteur du travail ayant constaté un outrage dont il se disait victime, considérant que cette infraction n'entrait pas dans le champ de compétence qui était reconnu à l'inspecteur du travail pour constater une infraction[32]. Elle a, par ailleurs, censuré la décision de la cour d'appel qui avait rejeté l'exception de

[31] PANNIER (J.), note sous Crim. 18 décembre 1989, *préc.*
[32] Cass. Crim. 6 février 2007 n°06-83356.

nullité soulevée par le prévenu contre la constatation d'une infraction au Code de la route par les agents des douanes[33].

Dans ces deux décisions, la Haute Juridiction est donc venue rappeler à l'ordre des fonctionnaires qui avaient pris des libertés avec les textes leur servant de base pour constater des infractions, n'hésitant pas à relever des violations de réglementations qui n'entraient pas dans leur domaine de compétence. La sanction retenue contre ces actes pris en violation des dispositions légales n'était pas prévue par ces textes, mais la Cour de cassation considère que ces actes doivent être annulés. Ils ne produisent donc aucun effet vis-à-vis de l'auteur de la supposée infraction, celle-ci étant considérée comme n'ayant jamais existé.

Se pose alors la question de savoir ce que peut faire un fonctionnaire qui constate une infraction lors de l'exercice de ses fonctions, mais que cette infraction ne relève pas de son domaine de compétence, ce qui l'empêche de la constater. La réponse à cette interrogation se situe à l'alinéa 2 de l'article 40 du Code de procédure pénale qui dispose : « toute autorité constituée, tout officier public ou fonctionnaire qui, dans l'exercice de ses fonctions, acquiert la connaissance d'un crime ou d'un délit est tenu d'en donner avis sans délai au procureur de la République ». Cet article oblige donc l'agent public qui aurait connaissance, durant l'exercice de ses fonctions, d'une infraction, autre qu'une contravention pour laquelle la dénonciation n'est pas obligatoire[34], à en dénoncer l'existence auprès du procureur de la République.

Ainsi, au lieu de faire le choix de violer les dispositions légales en constatant lui-même l'existence de l'infraction qu'il n'a pas compétence pour relever, le fonctionnaire a bien plus

---

[33] Cass. Crim. 18 décembre 1989 *préc.*

[34] CHALON (G.), L'article 40 du Code de procédure pénale et le fonctionnaire : nature et portée de l'obligation de dénoncer, *AJFP* 2003, p. 31.

intérêt à dénoncer l'existence de cette infraction au procureur de la République, qui appréciera ensuite l'opportunité des poursuites à donner à cette infraction. L'agent public a plus de chances de voir l'infraction qu'il rencontre punie par cette voie que par la voie illégale du constat individuel de l'infraction, qui risquera la nullité dès qu'un recours sera formé par l'individu contre l'acte de constat dressé par le fonctionnaire.

La compétence des agents publics pour participer à la recherche des infractions, qu'elle soit issue du Code de procédure pénale ou des lois spéciales, comporte des limites que les fonctionnaires se doivent de respecter lorsqu'ils font usage de ces pouvoirs, au risque de voir leurs actes frappés de nullité. Lorsqu'ils agissent dans leur domaine de compétence, les agents publics peuvent donc procéder au constat d'infractions techniques, et ils le font au travers de procès-verbaux.

§ 2. La constatation des infractions par procès-verbal

Les agents publics qui ont reçu des pouvoirs de police judiciaire de la loi peuvent constater des infractions par le biais de la rédaction d'un procès-verbal (A). Ce procès-verbal, qui représente la trace de l'infraction que le fonctionnaire a pu rencontrer au cours de ses fonctions, va pouvoir être transmis aux autorités poursuivantes, qui pourront alors lui donner suite (B).

A. La rédaction du procès-verbal par le fonctionnaire

Le fonctionnaire qui constate l'existence d'une infraction alors qu'il est en fonction peut faire le choix d'en relever l'existence dans un acte écrit (1). Néanmoins, il garde aussi une liberté d'appréciation face à cette infraction (2), puisqu'il n'est pas tenu de dresser immédiatement le procès-verbal.

1. Le relevé de l'infraction dans un acte écrit

Lorsqu'il relève l'existence d'une infraction, le fonctionnaire la constate dans un procès-verbal. C'est ce que prévoient l'article L8113-7 du Code du travail pour les inspecteurs du travail, qui dispose que « les inspecteurs du travail (…) constatent les infractions par des procès-verbaux », ou l'article L215-3 *in fine* du Code de la consommation, pour les agents compétents pour constater les infractions en matière de consommation, qui dispose que « les infractions et les manquements sont constatés par procès-verbaux ».

La constatation de l'infraction intervient souvent à l'occasion d'un contrôle que le fonctionnaire peut réaliser dans un lieu qui relève de son domaine de compétence. Cela peut par exemple être à l'occasion de la visite d'une entreprise pour l'inspecteur du travail, cette visite pouvant être régulière ou inopinée. A l'occasion de ce contrôle, le fonctionnaire va donc relever l'existence d'une illégalité, d'une violation à la réglementation que la personne est censée respecter. C'est face à l'existence de cette irrégularité qu'il fait le choix de rédiger le procès-verbal.

La constatation de l'infraction dans le procès-verbal permet tout d'abord au fonctionnaire d'obtenir une trace de la violation de la réglementation qu'il a relevée. Certaines infractions sont en effet très facilement dissimulables, et la tentation serait très importante pour son auteur de la camoufler si aucune trace écrite n'en a été faite. Avec le procès-verbal dressé par le fonctionnaire, l'existence de l'infraction est avérée. La rédaction du procès-verbal a également pour objectif de regrouper dans un même document toutes les informations qui pourront être utiles au ministère public pour engager des poursuites contre l'auteur de l'infraction[35]. Cela facilite ainsi la répression des infractions que les fonctionnaires ont pu rencontrer.

Par ailleurs, les fonctionnaires qui constatent une infraction dans un procès-verbal sont tenus aux obligations fixées aux officiers de police judiciaire par le Code de procédure pénale[36]. Ils doivent ainsi rédiger en double exemplaire le procès-verbal qui constate une infraction.

Pour beaucoup de fonctionnaires, tels que l'inspecteur du travail ou le nouvel inspecteur de l'environnement créé en 2012[37], le procès-verbal représente l'étape finale du rôle qu'ils peuvent jouer dans la poursuite des infractions. Pour ces fonctionnaires qui ne disposent que du pouvoir de recherche et de constatation des infractions, le procès-verbal met, en quelque sorte, fin à leur mission puisque la transmission de celui-ci à l'autorité poursuivante confiera au ministère public la charge de poursuivre les infractions qu'ils auront relevées.

Toutefois, face à une infraction qu'il relève, le fonctionnaire n'est pas tenu de dresser immédiatement procès-verbal. La loi offre en effet au fonctionnaire la possibilité de garder une liberté d'appréciation, afin de déterminer s'il doit dresser ou non procès-verbal face à l'infraction qu'il rencontre.

2. Une liberté d'appréciation laissée au fonctionnaire

Face à une infraction qu'il rencontre au cours de l'exercice de ses fonctions, l'agent d'une administration peut rédiger un procès-verbal pour rendre compte de l'existence de cette infraction. Mais, il n'en est pas tenu, et peut faire le

---

[35] CŒURET (A.), FORTIS (Œ.), *Droit pénal du travail*, LexisNexis, 5ème éd. 2012.

[36] C. pr. pén. Art. 19.

[37] Ordonnance n°2012-34 du 11 janvier 2012.

choix de prendre un acte jugé moins contraignant, tel qu'un avertissement ou une mise en demeure de se conformer à la réglementation.

Cette liberté a notamment été reconnue aux inspecteurs du travail par l'article 17 d'une convention de l'OIT de 1947 sur l'inspection du travail[38] qui dispose : « il est laissé à la libre décision des inspecteurs du travail de donner des avertissements ou des conseils au lieu d'intenter ou de recommander des poursuites ». L'inspecteur du travail, qui estime que l'infraction n'est pas suffisamment grave pour donner lieu à des poursuites, ou qu'il est plus important que l'illégalité soit réparée plutôt que son auteur poursuivi, peut donc faire le choix de délivrer un simple avertissement et d'aider l'individu en question à se mettre en conformité à la loi.

Dans son arrêt Mme Gaillard-Bans du 3 octobre 1997[39], le Conseil d'Etat a reconnu cette liberté d'appréciation dont dispose l'inspecteur du travail dans les réponses à donner à une infraction qu'il constate. Au visa de l'article 17 de la convention de l'OIT de 1947, le Conseil a considéré que l'inspecteur du travail, qui avait implicitement rejeté une demande de procès-verbal qui lui était adressée par une déléguée du personnel de l'entreprise, avait fait stricte application du principe de libre décision dont il dispose. Toutefois, dans cette décision, le Conseil d'Etat se réserve le droit de contrôler l'erreur manifeste d'appréciation de l'inspecteur du travail, c'est-à-dire l'erreur qui serait grossière, dénuée de bon sens. Ainsi, lorsque des infractions jugées trop graves ne sont pas constatées par un procès-verbal de la part de l'inspecteur du travail, la Haute Juridiction administrative se réserve le droit de sanctionner le fonctionnaire. Dans une telle situation alors, l'inspecteur

[38] Convention de l'OIT n°81 de 1947, ratifiée par la France en 1950.
[39] CE 3 octobre 1997 Mme Gaillard-Bans, Rec. p. 332.

du travail se retrouve privé de sa liberté d'appréciation, et contraint d'aller relever la matérialité de l'infraction dans un procès-verbal.

Ces cas sont toutefois très rares, et dans la majorité des situations, l'inspecteur du travail dispose d'une totale liberté face à l'infraction qu'il rencontre. Le procès-verbal représente alors l'ultima ratio, qui n'est rédigé que lorsque les autres moyens de persuasion ont déjà été utilisés, sans aucune efficacité[40]. Ainsi, sur 965 904 infractions rencontrées par les inspecteurs du travail en 2010, seules 6656 ont été constatées par le biais d'un procès-verbal[41]. Dans la majorité des cas donc, l'inspecteur du travail fait le choix des avertissements, des observations ou des conseils, afin d'inciter l'individu en infraction à se mettre le plus rapidement possible dans une situation de conformité par rapport à la réglementation. L'inspecteur du travail a une action principalement préventive, et il ne fait le choix du procès-verbal que lorsque c'est l'unique solution qui lui reste. Bruno Silhol estime qu'un inspecteur du travail ne dresse un procès-verbal que dans deux types de situations : lorsque l'infraction constatée est grave, ou lorsque l'inspecteur se situe face à des infractions répétées[42], que l'employeur n'a pas pris soin de régulariser malgré des avertissements et des observations de la part de l'inspecteur.

Cette faible proportion de procès-verbaux dressés s'explique notamment par le taux de classement sans suite très important des procès-verbaux des inspecteurs du travail par le ministère public, ce taux s'élevant à près de 75% selon les statistiques du ministère du travail[43]. Quand ils font le choix de rédiger un procès-verbal, les inspecteurs du travail

---

[40] RAY (J.-E.), *Droit du travail, droit vivant*, éd. Liaisons, 21ème éd. 2011.
[41] *Ibid.*
[42] SILHOL (B.), L'inspection du travail et le choix de l'action pénale, *Droit social* 2000, p. 959.
[43] *Ibid.*

savent que l'infraction n'a que peu de chances d'être punie à l'arrivée, et ils préfèrent donc inciter par leurs propres moyens à la régularisation de la situation par l'employeur. Néanmoins, leur action est complexifiée par ce taux important de classements sans suite, puisque sans la menace du procès-verbal qui peut donner lieu à des poursuites judiciaires, il est compliqué pour un inspecteur du travail d'obliger un employeur à respecter la réglementation. L'inspecteur du travail ne dispose en effet d'aucun pouvoir de sanction propre.

Les inspecteurs du travail sont, par ailleurs, incités par des circulaires ministérielles à ne rédiger un procès-verbal que de manière exceptionnelle, quand la situation l'exige. Cette volonté hiérarchique de maintenir le procès-verbal comme une réponse rare à une infraction s'explique en partie par la difficulté qu'a l'autorité judiciaire à traiter des infractions au droit pénal du travail, qui sont souvent méconnues des professionnels du droit, et qui ne sont pas la priorité des magistrats du parquet[44]. Ces éléments poussent les inspecteurs du travail à essayer de régler par eux-mêmes les violations qu'ils constatent, avant de n'envoyer aux autorités poursuivantes que les situations les plus graves et les plus compliquées. Ce filtrage apparaît comme une solution appropriée afin d'essayer de traiter un maximum d'infractions, et d'essayer d'obtenir le maximum de régularisations de la part de leurs auteurs.

Face à une infraction qu'il rencontre, un fonctionnaire peut donc faire le choix de rédiger un procès-verbal constatant l'infraction, mais il peut aussi prendre des mesures moins contraignantes, tels que des avertissements ou des observations pour inciter l'auteur de l'infraction à régulariser sa situation. S'il dresse le procès-verbal, celui-ci va être transmis afin de pouvoir produire ses effets.

---

[44] SILHOL (B.), L'inspection du travail et le choix de l'action pénale, *préc.*

B. La suite donnée au procès-verbal

Le procès-verbal dressé par le fonctionnaire fait, en principe, foi jusqu'à preuve du contraire, ce qui lui donne une valeur probatoire renforcée (1). Une fois rédigé, ce procès-verbal est transmis au ministère public (2) qui possède alors la libre appréciation de l'opportunité des poursuites.

1. Une valeur probatoire renforcée

Au regard des dispositions du Code de procédure pénale, la valeur probatoire d'un procès-verbal sera différente selon la gravité de l'infraction constatée. Ainsi, en cas de contravention « sauf dans les cas où la loi en dispose autrement, les procès-verbaux ou rapports établis par les officiers et agents de police judiciaire (…) ou les fonctionnaires ou agents chargés de certaines fonctions de police judiciaire (…) font foi jusqu'à preuve du contraire »[45]. A l'inverse, pour un délit « sauf dans les cas où la loi en dispose autrement, les procès-verbaux et les rapports constatant les délits ne valent qu'à titre de simples renseignements »[46]. Selon le droit commun de la preuve, les constatations inscrites dans un procès-verbal ne font foi jusqu'à preuve du contraire que pour les contraventions. Toutefois, le Code de procédure pénale prévoit des exceptions à ces principes lorsqu'une loi spéciale en a disposé autrement. Cela a été le cas pour de nombreux fonctionnaires.

Ainsi, les procès-verbaux dressés par les inspecteurs du travail « font foi jusqu'à preuve du contraire »[47], sans qu'il y ait distinction entre la constatation d'une contravention ou d'un délit. De même, les infractions relevées par les

---

[45] C. pr. pén. Art 537 al. 2.

[46] C. pr. pén. Art 430.

[47] C. trav. art L8113-7.

inspecteurs de l'environnement sont « constatées dans des procès-verbaux qui font foi jusqu'à preuve du contraire »[48]. Il en est de même pour les infractions au Code de la consommation et au Livre des procédures fiscales[49]. Dans l'ensemble de ces situations, le procès-verbal dressé par le fonctionnaire possède une valeur probatoire renforcée tant pour les contraventions que pour les délits. Le seul moyen de renverser les constatations effectuées par ce procès-verbal est de rapporter la preuve contraire, qui peut l'être, selon l'article 431 du Code de procédure pénale, « par écrit ou par témoins ». Tant que cette preuve contraire n'a pas été faite, le juge est lié par les constatations matérielles contenues dans le procès-verbal[50].

Les procès-verbaux par lesquels les agents des administrations constatent des infractions ont donc une force probante importante, puisqu'ils feront foi tant que l'auteur de la supposée infraction n'aura pas rapporté la preuve que l'infraction dont on l'accuse n'existe pas. Or, il est toujours extrêmement difficile de prouver un fait négatif, en l'espèce de prouver que les éléments matériels de l'infraction n'étaient pas réunis.

Si la majorité des procès-verbaux des fonctionnaires font foi jusqu'à preuve du contraire, certains ont une valeur probatoire encore plus importante. C'est le cas des procès-verbaux de douane qui, lorsqu'ils sont rédigés par deux agents des douanes ou de toute autre administration, « font foi jusqu'à inscription de faux »[51]. Dans ce cas, les procès-verbaux valent preuve, même en présence d'une preuve contraire, qui peut être écrite ou basée sur des

---

[48] C. envir. art L172-16.

[49] C. conso. art L215-3, et LPF art L238.

[50] DANJAUME (G.), Le principe de la liberté de la preuve en droit pénal, *D.* 1996, Chron.153.

[51] C. douanes art 336.

témoignages[52]. Le seul moyen de renverser la force probante de ces procès-verbaux est la procédure d'inscription de faux, régie par les articles 646 à 647-4 du Code de procédure pénale. Toutefois, les procès-verbaux de douane retrouvent une valeur probatoire identique à celle des procès-verbaux dressés par les autres fonctionnaires, faisant foi jusqu'à preuve du contraire, dans deux situations : d'une part lorsqu'ils sont rédigés par un seul agent[53], et d'autre part s'agissant « de l'exactitude et de la sincérité des aveux et déclarations qu'ils rapportent »[54].

Les procès-verbaux de douane sont ainsi les seuls qui aient une valeur probatoire renforcée s'agissant des déclarations des individus, les autres procès-verbaux conservant pour ces déclarations la valeur de simples renseignements. C'est ce dont la Cour de cassation a fait application dans un arrêt du 5 février 2003[55] où la chambre criminelle a retenu contre une personne qui ne reconnaissait pas sa qualité de déclarant en douane, indispensable à sa condamnation pour contrebande de marchandises fortement taxées, ses déclarations qui avaient été retranscrites dans le procès-verbal de douane, où l'individu reconnaissait posséder cette qualité[56]. Dans un article de 2009, Sébastien Rideau-Valentini s'interroge sur la compatibilité de ce mécanisme avec le droit de ne pas contribuer à sa propre incrimination[57] dégagé par la CEDH dans l'arrêt Funke c/ France du 25 février 1993 comme faisant partie du droit à un procès équitable protégé par l'article 6 §1 de la Convention

---

52 DANJAUME (G.), Le principe de la liberté de la preuve en droit pénal, *préc.*

53 C. douanes art. 337.

54 C. douanes art 336 al. 2.

55 Cass. Crim. 5 février 2003 n°02-82187.

56 BUISSON (J.), Valeur probante des procès-verbaux des agents des Douanes, *Rev. sc. crim.* 2004, p.430.

57 RIDEAU-VALENTINI (S.), Les droits de la défense en matière pénale douanière, *AJ Pénal* 2009, p. 206.

Européenne de Sauvegarde des Droits de l'Homme. Dans un arrêt du 5 août 2004[58], la Cour de cassation a considéré ces dispositions comme compatibles avec le droit à un procès équitable, estimant que l'individu disposait du droit de se taire dont il pouvait faire usage pour ne pas s'auto-incriminer.

Les procès-verbaux rédigés par les agents des administrations possèdent donc une valeur probatoire renforcée, qui va faciliter la preuve des infractions qu'ils constatent. Ils vont ainsi permettre au ministère public, à qui ils sont transmis par les fonctionnaires, de pouvoir lancer les poursuites contre les auteurs des infractions.

2. La transmission au ministère public

Une fois l'infraction constatée dans un procès-verbal, le fonctionnaire qui dispose de pouvoirs de police judiciaire doit transmettre celui-ci au ministère public[59]. La transmission du procès-verbal au procureur de la République décharge le fonctionnaire de ses fonctions de constatation de l'infraction, et permet au ministère public de lancer les poursuites.

Toutefois, lorsqu'il reçoit un procès-verbal de la part d'un agent d'une administration qui a constaté l'existence d'une infraction, le procureur de la République conserve le pouvoir d'apprécier souverainement l'opportunité des poursuites à engager, qui lui est confié par l'article 40-1 du Code de procédure pénale. Il peut ainsi faire le choix d'engager des poursuites, de mettre en œuvre des alternatives aux poursuites ou de classer sans suite. Si la réception du procès-verbal par le ministère public va donc permettre le lancement des poursuites contre l'auteur de l'infraction, il ne va pas nécessairement y donner lieu, puisque cela relève de

---

[58] Cass. Crim. 5 août 2004, n°04-82957.

[59] C. trav art L8113-7, C. envir. Art L172-16, C. douanes art. 333.

l'appréciation du procureur de la République. Le fonctionnaire qui transmet un procès-verbal n'a pas son mot à dire sur la suite à donner à la constatation qu'il a effectuée.

L'article L172-16 du Code de l'environnement oblige le fonctionnaire à transmettre le procès-verbal au ministère public « dans les cinq jours qui suivent [sa] clôture ». L'inspecteur de l'environnement est donc tenu, contrairement aux autres fonctionnaires, à une célérité importante dans la transmission de ses procès-verbaux au ministère public. Toutefois, ce texte ne prévoit pas de sanction en cas de dépassement de ce délai, et il paraît peu probable que les juridictions prononcent la nullité du procès-verbal pour une transmission trop tardive au ministère public. Ce délai semble donc avoir été créé par l'ordonnance du 11 janvier 2012 dans le but d'inciter les inspecteurs de l'environnement à transmettre le plus rapidement possible leurs procès-verbaux.

Le procès-verbal doit également être transmis à d'autres autorités. Ainsi, l'inspecteur de l'environnement est tenu de transmettre le procès-verbal qu'il a dressé « à l'autorité administrative compétente »[60] et l'inspecteur du travail doit s'assurer qu'un exemplaire soit adressé « au représentant de l'Etat dans le département »[61]. Ces dispositions permettent aux autorités administratives hiérarchiquement supérieures d'avoir connaissance des infractions constatées dans les domaines où elles sont compétentes. En revanche, une circulaire ministérielle qui imposait un filtrage hiérarchique des procès-verbaux a été déclarée illégale par la chambre criminelle de la Cour de cassation dans un arrêt du 28 janvier 1997[62]. Cette circulaire imposait aux inspecteurs du travail de transmettre les procès-verbaux à leur supérieur hiérarchique

---

[60] C. envir. art L172-16.

[61] C. trav. art L8113-7.

[62] Cass. Crim. 28 janvier 1997, n°95-84257.

qui pouvait faire le choix soit de transmettre au ministère public, soit de ne pas le transmettre. La chambre criminelle a estimé que ce contrôle de l'opportunité exercé par la hiérarchie de l'inspecteur du travail était illégal[63].

La transmission du procès-verbal par le fonctionnaire au ministère public vient donc mettre fin aux pouvoirs de police judiciaire que la loi peut accorder aux agents de certaines administrations. Mais ces pouvoirs de police judiciaire sont parfois élargis s'agissant de certains fonctionnaires, qui disposent de pouvoirs se rapprochant un peu plus de ceux dont disposent les officiers et agents de police judiciaire.

Section 2. Les pouvoirs élargis attribués aux agents de certaines administrations

En plus du pouvoir de constater des infractions, certains fonctionnaires disposent de pouvoirs importants afin de pouvoir procéder à la recherche d'infractions qui peuvent être dissimulées. Ces pouvoirs peuvent être conséquents, et peuvent porter atteinte aux libertés des individus. Ces fonctionnaires peuvent ainsi procéder à la visite de locaux (§ 1), ou encore se faire communiquer des documents ou saisir des marchandises (§ 2).

§1. Le droit de visite des locaux

Certains fonctionnaires se sont vus attribuer par des lois spéciales le pouvoir de procéder à la visite de locaux (A). Néanmoins, ce droit de visite pouvant porter atteinte aux libertés individuelles, la loi a mis en place la possibilité d'un contrôle par l'autorité judiciaire (B), afin de vérifier que l'exercice de cette visite se faisait dans des conditions compatibles avec les droits de la défense.

---

63 SILHOL (B.), L'inspection du travail et le choix de l'action pénale, *préc.*

A. L'exercice du droit de visite par les fonctionnaires

Les fonctionnaires qui se voient attribuer par la loi la possibilité d'exercer un droit de visite des locaux peuvent le faire tant dans les locaux à usage professionnel (1) que dans les locaux à usage privé (2).

1. La visite des locaux à usage professionnel

Afin de procéder à la recherche et la constatation des infractions, certains fonctionnaires disposent d'un droit d'accès aux locaux professionnels. La définition précise de ces locaux à usage professionnel varie d'un Code à l'autre, selon les activités qui sont contrôlées. Ainsi, peuvent faire l'objet d'un droit de visite par le fonctionnaire « tout établissement où sont applicables les règles » de droit du travail[64], « tous lieux utilisés à des fins professionnelles ou les lieux d'exécution d'une prestation de service »[65], ou plus largement les « locaux et lieux à usage professionnel »[66]. Pour faire simple, dès qu'une activité, susceptible d'être contrôlée par le fonctionnaire car entrant dans son domaine de compétence, se tient dans des locaux, l'agent a accès à ces locaux professionnels.

A propos du moment de la visite, les textes prévoient un accès libre entre 8 heures et 20 heures[67], ou de manière exceptionnelle entre 6 heures et 21 heures[68]. Seulement ces principes souffrent deux exceptions, et les fonctionnaires peuvent également avoir accès aux locaux d'une part lorsque leur accès est ouvert au public, et d'autre part lorsqu'une activité de production, de fabrication, de conditionnement,

---

[64] C. trav. art L8113-1.

[65] C. conso. art L215-3, C. com. art L450-3.

[66] C. douanes, art 63 ter.

[67] C. com. art L450-3, C. conso. art L215-3, C. douanes art 63 ter.

[68] C. envir. art L172-5.

de transport ou de commercialisation est en cours dans ces locaux. La liste de ces activités peut varier d'un texte à l'autre. L'inspecteur du travail n'a lui pas d'horaires prédéfinis dans lesquels il peut avoir accès aux locaux à usage professionnel. Il peut ainsi procéder à une visite dès lors qu'un travail est en cours, et la jurisprudence a reconnu très tôt, par un arrêt de 1912, la possibilité pour un inspecteur du travail de procéder à une visite de nuit si l'entreprise organise un travail de nuit[69].

De manière générale, dès qu'une activité est en cours, le fonctionnaire peut accéder aux lieux à usage professionnel afin de vérifier l'application de la réglementation qu'il est chargé de faire appliquer. Néanmoins, les articles L172-5 du Code de l'environnement et 63 ter du Code des douanes ont prévu une limitation s'agissant des pouvoirs des inspecteurs de l'environnement et des agents des douanes. Ceux-ci doivent, en effet, informer préalablement à la visite le procureur de la République qui peut faire le choix de s'opposer à la visite que souhaitait réaliser le fonctionnaire. Pour les agents de ces deux administrations, le ministère public dispose donc d'un droit de contrôle et de filtrage des visites qu'il jugerait inopinées. En revanche, l'inspecteur du travail n'est pas tenu d'informer le procureur de la République de sa visite, et il n'est même pas tenu d'annoncer sa venue au chef de l'entreprise qu'il compte visiter[70]. Néanmoins, pour des raisons pratiques, l'inspecteur du travail annoncera généralement sa venue, ne serait-ce que pour que le chef d'entreprise soit présent à ce moment-là[71].

Il existe une autre limite au droit de visite des fonctionnaires dans les locaux à usage professionnel. Lorsque les lieux sont également à usage d'habitation, la loi a

---

[69] Cass. Crim. 14 décembre 1912.

[70] BOUCHARD (V.), Des pouvoirs de police judiciaire de l'inspecteur du travail, *Rev. sc. crim.* 2005, p. 273.

[71] CŒURET (A.), FORTIS (E.), *Droit pénal du travail*, *préc.*

prévu un régime plus strict pour protéger les occupants de ces locaux. Ainsi, les différents textes autorisant les visites des locaux professionnels imposent l'assentiment de l'occupant lorsqu'il y a présence de parties habitées dans ces locaux. Les inspecteurs du travail et les agents des douanes, si l'occupant s'oppose à cette visite, ne peuvent passer outre, et doivent donc renoncer à accéder aux locaux[72]. En revanche, en cas de refus, les autres textes prévoient la possibilité pour les fonctionnaires de forcer l'entrée dans les locaux, avec autorisation du juge des libertés et de la détention[73], ou en présence d'un officier de police judiciaire[74]. Dans ces deux cas, la visite ne peut toutefois qu'avoir lieu dans les horaires préalablement définis, entre 8 heures et 20 heures ou entre 6 heures et 21 heures, même si une activité peut être en cours au sein des locaux.

Ces limites posées par les textes des différents Codes sont les seules qui doivent être vérifiées par les juridictions de fond pour vérifier la validité de l'exercice d'un droit de visite. Une cour d'appel qui annulerait la procédure de visite pour des motifs autres que ceux prévus par les textes devrait donc voir son arrêt cassé par la Haute Juridiction. Ainsi, dans un arrêt du 5 novembre 2003[75], la cour d'appel avait annulé la visite orchestrée par des agents des douanes, au motif qu'aucun officier de police judiciaire n'avait été présent lors de la visite. Or, la Cour de cassation relève que la visite n'étant intervenue que dans les locaux à usage professionnel, l'article 63 ter du Code des douanes n'impose nullement la présence d'un officier de police judiciaire. Aussi, la chambre criminelle a cassé et annulé l'arrêt rendu par la cour d'appel.

---

[72] C. trav. Art L8113-1, C. douanes art 63 ter.
[73] C. com. Art L450-3, C. conso. Art L215-3.
[74] C. envir. Art. L172-5.
[75] Cass. Crim. 5 novembre 2003, n°02-88244.

Les agents de certaines administrations peuvent ainsi accéder aux locaux à usage professionnel, dans le but de rechercher des infractions. Si les textes ont prévu des limites pour encadrer cet accès aux locaux professionnels, les dispositions sont encore plus strictes s'agissant de la visite des lieux à usage privé.

2. La visite des locaux à usage privé

Les fonctionnaires pouvant accéder aux lieux privés sont plus rares que ceux pouvant accéder aux locaux professionnels. En réalité, seuls le Code des douanes, en son article 64 qui habilite les agents des douanes, et le Livre des procédures fiscales, en ses articles L16B et L38 qui habilitent respectivement les agents de l'administration des impôts et les agents habilités par le ministre du budget en matière de contributions indirectes, prévoient une telle possibilité. Ces articles disposent que les agents « peuvent procéder à des visites en tous lieux, mêmes privés ». Toutefois, le champ d'application de l'article 64 du Code des douanes paraît plus restreint que celui des autres articles, puisqu'il ne fait référence qu'à « la recherche et la constatation des délits douaniers », ce qui exclut donc la possibilité pour les agents des douanes de procéder à la recherche de contraventions sur ce fondement[76]. Cette restriction ne semble pas exister dans les articles du Livre des procédures fiscales, qui mentionnent les « infractions » au sens large.

Ces visites, qui doivent avoir pour but de faciliter ou de participer à la recherche d'une infraction qui peut être constatée par le fonctionnaire, doivent intervenir dans des lieux où les pièces, les documents, les marchandises se rapportant à cette infraction ou encore les biens ou les avoirs en provenant sont susceptibles d'être détenus ou d'être accessibles ou disponibles. Les lieux ne doivent donc pas

---

[76] SOULARD (C.), *Guide pratique du contentieux douanier*, Litec, 2008.

avoir été choisis au hasard par les agents des administrations, qui doivent être à la recherche d'éléments pouvant participer à la constatation de l'infraction. Toutefois, ces articles ne se limitent pas aux lieux d'habitation, et les agents des administrations peuvent donc faire le choix de visiter des lieux à usage professionnel sur le fondement de ces articles, qui offrent des droits plus importants aux fonctionnaires.

Pour procéder à ces visites domiciliaires, l'assentiment de l'occupant des lieux n'est pas requis[77]. Si l'occupant fait obstacle au bon déroulement de la visite, une mention en est portée au procès-verbal de saisie. Les agents de l'administration ont, par ailleurs, l'obligation de se faire assister d'un officier de police judiciaire[78], qui peut forcer l'ouverture des portes des lieux si l'occupant refuse de les ouvrir[79].

La visite domiciliaire doit avoir lieu entre 6 heures et 21 heures. Elle est en principe effectuée en présence de l'occupant des lieux ou de son représentant. A défaut, l'officier de police judiciaire doit choisir deux témoins qui devront assister à la visite. A l'occasion de cette visite domiciliaire, les agents de l'administration peuvent prendre connaissance de tous documents, qu'ils pourront saisir par la suite, et peuvent également pratiquer des prélèvements.

Les visites domiciliaires sont utilisées de manière assez rare par les administrations fiscale et douanière. Dans un rapport parlementaire de 2008, le sénateur Philippe Marini indiquait ainsi que tant en 2006 qu'en 2007, il n'y avait eu que 240 opérations de visites domiciliaires diligentées sur le fondement des articles 64 du Code des douanes et L16B et

---

[77] Cass. Crim. 13 juin 1988, n°87-85255.
[78] BERR (C.-J.), TREMEAU (H.), *Le droit douanier*, Economica, 6ème éd., 2004.
[79] C. douanes art 64 §4.

L38 du Livre des procédures fiscales[80]. Ces 240 opérations de visites avaient concernées 432 auteurs présumés de fraude pour 956 lieux visités en 2006, et 425 auteurs présumés pour 810 lieux visités en 2007. Ces chiffres sont en réalité extrêmement faibles quand on les compare au nombre de contrôles fiscaux réalisés chaque année, qui s'élevaient en 2006 et 2007 à plus de 50 000.

Le régime de la visite domiciliaire ressemble particulièrement au régime de la perquisition, que les officiers de police judiciaire peuvent pratiquer dans les enquêtes de police judiciaire classiques. Comme pour les perquisitions, les visites domiciliaires portent donc atteinte de manière assez importante aux libertés dont disposent les individus dans tout Etat de droit. C'est ce qui explique que la loi ait prévu la possibilité d'un contrôle de cette visite domiciliaire par l'autorité judiciaire.

B. Le contrôle possible de la visite par l'autorité judiciaire

Afin de s'assurer que les droits des individus ne sont pas violés par les fonctionnaires effectuant des visites, la loi a prévu deux types de contrôles exercés par l'autorité judiciaire. Il est tout d'abord nécessaire que le juge autorise la visite (1). En outre, l'ordonnance d'autorisation qu'il rendra pourra faire l'objet d'un recours (2).

1. L'autorisation préalable de la visite par le juge

Le droit de visite des locaux professionnels est en pratique moins contrôlé que celui qui permet d'accéder à des lieux privés. Ainsi, si les articles L172-5 du Code de l'environnement et 63 ter du Code des douanes permettent au procureur de la République de s'opposer à la visite des

---

80 MARINI (P.), Rapport n°135 (2008-2009) sur le projet de loi de finances rectificative pour 2008, art. 29.

locaux professionnels, les autres articles autorisant une telle visite n'ont pas prévu cette limitation. En outre, le procureur de la République est une autorité poursuivante, et il n'est pas considéré comme un juge indépendant et impartial par la Cour européenne des droits de l'homme, ce que la Cour de Strasbourg a affirmé dans l'arrêt Moulin c/ France du 23 novembre 2010[81]. Au sens de la CEDH, le procureur de la République ne représente donc pas une autorité judiciaire telle que définie par l'article 5 §3 de la Convention.

Or, l'article 66 de la Constitution du 4 octobre 1958 pose l'autorité judiciaire comme la gardienne des libertés individuelles. Le droit de visite pouvant porter atteinte aux libertés individuelles, et notamment au droit de propriété protégé par l'article 17 de la Déclaration des droits de l'homme et du citoyen, il est donc nécessaire que l'autorité judiciaire puisse contrôler et autoriser cette visite. C'est la raison pour laquelle le Conseil constitutionnel avait fait le choix de censurer la création d'un nouveau droit de visite domiciliaire pour les agents de l'administration des impôts dans une décision du 29 décembre 1983[82], le Conseil considérant que ce texte ne protégeait pas suffisamment les libertés individuelles. Le législateur a revu sa position, et a créé un tel droit de visite à l'article L16B du Livre des procédures fiscales par la loi du 30 décembre 1984.

Cet article L16B, de même que les articles 64 du Code des douanes et L38 du Livre des procédures fiscales, prévoit que la visite domiciliaire doit être autorisée par une ordonnance du juge des libertés et de la détention. Cependant, avant la loi du 4 août 2008 dite de modernisation de l'économie, c'était le président du tribunal de grande instance qui était compétent pour autoriser les visites domiciliaires s'effectuant sur le fondement du Livre des

---

[81] CEDH, 23 novembre 2010, Moulin c/ France, n°37104/06.
[82] Cons. Const. 29 décembre 1983, n°83-164 DC.

procédures fiscales. Il était également compétent pour autoriser celles réalisées sur le fondement du Code des douanes jusqu'à la loi du 15 juin 2000 dite loi Guigou.

Désormais, le juge des libertés et de la détention est compétent pour autoriser ces visites. Néanmoins, les fonctionnaires n'ont pas besoin de recueillir cette autorisation dans les cas de flagrant délit. La loi a ainsi autorisé les agents des douanes et de l'administration des impôts constatant une infraction flagrante à effectuer une visite domiciliaire, sans autorisation de la part de l'autorité judiciaire. L'article 53 du Code de procédure pénale définit le flagrant délit comme celui « qui se commet actuellement, ou qui vient de se commettre ». Cette définition de la flagrance est celle qu'il convient de retenir dans le cadre des visites domiciliaires[83].

En dehors de ces cas de flagrance, le fonctionnaire souhaitant effectuer une visite domiciliaire ne pourra pas le faire s'il n'obtient pas une ordonnance d'autorisation de la part du juge des libertés et de la détention. Le contenu de cette ordonnance est défini de manière précise par les textes du Code des douanes et du Livre des procédures fiscales. L'ordonnance d'autorisation doit ainsi comporter « l'adresse des lieux à visiter, le nom et la qualité du fonctionnaire habilité qui a sollicité et obtenu l'autorisation de procéder aux opérations de visite et la mention de la faculté pour l'occupant des lieux ou son représentant (…) de faire appel à un conseil de son choix ». La précision du contenu de l'ordonnance d'autorisation contribue à l'encadrement des visites exercées par le fonctionnaire. En effet, avec ces informations, l'agent n'a la possibilité d'exercer la visite que dans un lieu précis, avec l'obligation d'informer l'occupant des lieux de la possibilité qu'il a de se faire assister.

---

[83] SOULARD (C.), *Guide pratique du contentieux douanier*, *préc.*

Afin de pouvoir procéder à la visite d'un lieu privé, le fonctionnaire est tenu, hors les cas de flagrance, de demander l'autorisation du juge des libertés et de la détention. L'ordonnance d'autorisation que celui rend est susceptible, le cas échéant, d'un recours.

2. L'exercice d'un recours contre l'ordonnance d'autorisation de la visite

Pour autoriser la visite domiciliaire, le juge des libertés et de la détention rend une ordonnance. Celle-ci n'était, au moment de la création de ces dispositifs, susceptible que d'un pourvoi en cassation. Ce dispositif a été censuré par la Cour européenne des droits de l'homme dans l'arrêt Ravon c/ France du 21 février 2008[84].

En l'espèce, des visites domiciliaires avaient été autorisées par les présidents des tribunaux de grande instance de Paris et de Marseille sur le fondement de l'article L16B du Livre des procédures fiscales. Les intéressés estiment alors, qu'au cours de ces visites, des irrégularités ont été commises et saisissent les deux présidents pour examiner leur requête. Le président du TGI de Paris se déclare incompétent, celui de Marseille rejette la requête. Dans son arrêt du 11 décembre 2002, la Cour de cassation rejette la requête des requérants, et déclare que les deux présidents des TGI auraient dû se déclarer incompétents, reprenant ainsi une jurisprudence posée par la chambre commerciale en 1999[85] selon laquelle la mission du juge autorisant la visite prend fin avec la visite. Aussi, le président du tribunal ne peut effectuer de contrôle sur la visite.

Face à ce refus de la Haute Juridiction, qui se base sur le texte de l'article L16B pour estimer qu'elle est seule compétente pour contrôler les visites domiciliaires, les

---

[84] CEDH, 21 février 2008, Ravon c/ France, n°18497/03.

[85] Cass. Com. 30 novembre 1999, n°98-30005.

requérants saisissent la Cour européenne des droits de l'homme, qui leur donne raison par l'arrêt du 21 février 2008. La Cour de Strasbourg relève le fait que le pourvoi en cassation n'est pas une voie de recours effective, en ce qu'il ne permet qu'un contrôle en droit en non un contrôle en fait. En conséquence, la Cour considère que les requérants n'ont pas eu accès à un tribunal pour obtenir un examen de leur requête, et qu'ainsi l'article 6 §1 de la Convention a été violé[86].

Le dispositif français des visites domiciliaires est donc jugé non conventionnel par la Cour de Strasbourg, et le législateur est tenu de réagir rapidement afin de mettre en conformité ce dispositif à la Convention européenne des droits de l'homme. La loi du 4 août 2008 dite de modernisation de l'économie va venir répondre à la censure européenne du dispositif des visites domiciliaires. Cette loi institue, tant dans les articles du Livre des procédures fiscales que dans l'article 64 du Code des douanes, la possibilité pour les parties de former un appel devant le premier président de la cour d'appel. Cet appel est non suspensif, et est enfermé dans un délai de quinze jours qui court à partir du moment où l'intéressé a reçu, s'est vu remettre ou s'est vu signifier l'ordonnance d'autorisation de la visite. L'ordonnance du premier président de la cour d'appel sera alors susceptible d'un pourvoi en cassation. Le recours devant le premier président de la cour d'appel porte non seulement sur l'autorisation de la visite par le juge des libertés et de la détention, mais peut également être fondé sur le déroulement des opérations de visite.

Ce nouveau dispositif a été déclaré conforme à la Convention européenne des droits de l'homme, et

---

[86] MATSOPOULOU (H.), La censure par la Cour européenne des droits de l'homme du dispositif français applicable aux perquisitions fiscales, *Rev. sc. crim.* 2008, p. 598.

notamment à son article 6 §1, par la chambre commerciale de la Cour de cassation[87]. De son côté, le Conseil constitutionnel, saisi d'une question prioritaire de constitutionnalité à ce sujet, a estimé que le nouveau dispositif des visites domiciliaires tel qu'issu de la loi du 4 août 2008 était conforme à la Constitution[88].

Dans le cas où l'ordonnance d'autorisation est annulée, la visite qui s'en est suivie doit également être déclarée nulle, de même que tous les actes qui trouvent leurs fondements dans les résultats de cette visite. C'est ce qu'a jugé la Cour de cassation dans un arrêt du 30 septembre 1991, où la chambre commerciale a annulé une ordonnance d'autorisation rendue par un président de tribunal de grande instance, obligeant ainsi la chambre criminelle à annuler un arrêt condamnant deux individus pour abus de biens sociaux sur les fondements de la visite domiciliaire qui avait été annulée[89]. Par ailleurs, tout ce qui a pu être saisi doit être restitué, puisque cette visite est réputée n'avoir jamais existé.

Afin de participer à la recherche et la constatation d'infractions techniques, les agents de certaines administrations ont la possibilité d'effectuer des visites de locaux professionnels ou privés, ces visites étant effectuées après autorisation et sous le contrôle de l'autorité judiciaire. Mais ces fonctionnaires disposent également de la faculté de se faire communiquer des documents, et d'effectuer des saisies.

---

[87] Cass. Com. 8 décembre 2009, n°08-21017.

[88] Cons. Const. 30 juillet 2010, n°2010-19/27 QPC.

[89] Cass. Crim. 30 septembre 1991, n°90-83579.

§2. Les droits de communication et de saisie

Certains fonctionnaires se sont vus attribuer des pouvoirs importants en matière de recherche d'infractions. Ceux-ci peuvent en effet demander à se faire communiquer des documents (A), qui pourraient participer à la révélation d'une infraction. Ils peuvent également opérer des saisies de marchandises, voire même retenir des personnes (B).

A. Le droit de communication des documents

La loi a offert la possibilité aux agents de certaines administrations de se faire communiquer des documents pouvant participer à la constatation d'une infraction. Ces agents peuvent ainsi obliger tant les membres d'autres administrations (1) que les particuliers (2) à leur faire parvenir les documents qu'ils leur demandent.

1. Un droit de communication pesant sur les autres administrations

Les administrations ont reçu une obligation de communiquer des documents aux fonctionnaires habilités à rechercher des infractions lorsque ceux-ci en font la demande[90]. Cette obligation pèse sur « les administrations de l'Etat, les départements et les communes, ainsi que les entreprises concédées par l'Etat, les départements et les communes, de même que tous les établissements ou organismes quelconques soumis au contrôle de l'autorité administrative, ainsi que les organismes et caisses de sécurité sociale et les organismes gestionnaires du régime d'assurance-chômage »[91]. Le champ d'application de cette obligation de communication est donc très large, et ne se limite pas seulement aux administrations étatiques. Ainsi, par

[90] C douanes art 64A, LPF art L83, C. conso. Art. L215-3-2.

[91] C. douanes, art 64A.

exemple, le Conseil d'Etat a reconnu que les banques pouvaient être concernées par cette obligation de communication, en tant qu'organisme soumis au contrôle de l'autorité administrative[92].

Les textes du Code des douanes et du Livre des procédures fiscales précisent, par ailleurs, que le secret professionnel ne peut pas être opposé aux agents de l'administration qui demandent la communication des documents. Les membres des organismes concernés par cette obligation de communication sont ainsi tenus de communiquer tous « les documents de service ». Dans un arrêt du 7 novembre 2008, le Conseil d'Etat a défini comme un document de service « tout document élaboré dans les cadres des missions de l'organisme à raison desquelles celui-ci est regardé comme soumis au contrôle de l'autorité administrative »[93]. La demande de l'administration fiscale ou douanière doit être réalisée par écrit. L'article 64A du Code des douanes ajoute que la demande doit avoir pour but de « établir les impôts institués par des lois existantes ». En revanche, l'article L83 ne pose pas d'objectifs à la demande réalisée par l'agent de l'administration fiscale.

Par ailleurs, les articles L83A, L83B, L83C et L83D du Livre des procédures fiscales posent le principe de la coopération entre les administrations dans la communication des informations. Ces articles permettent en effet une libre communication des « renseignements et documents recueillis dans le cadre de leurs missions respectives » entre les agents de la direction générale des finances publiques, ceux de la direction générale des douanes et des droits indirects, mais aussi ceux de la direction générale de la concurrence, de la consommation et de la répression des fraudes ou encore

---

[92] CE, 22 décembre 1982, M. X, req. n°21475.

[93] CE, 7 novembre 2008, Chambre départementale des notaires de Seine-et-Marne, req. n°305609.

l'administration chargée du contrôle des organismes de logement fixé par l'article L451-1 du Code de la construction et de l'habitation. Ces échanges d'information, que les textes qualifient de « spontanés » vont permettre un traitement plus efficace de certaines infractions, qui peuvent parfois relever de la compétence des agents de différentes administrations. Le but de ces dispositions est donc de mettre en commun les renseignements obtenus par les divers fonctionnaires afin d'assurer au maximum la poursuite des auteurs des infractions.

Il faut noter que l'article L172-11 du Code de l'environnement, créé par l'ordonnance du 11 janvier 2012, a inséré à ce Code la possibilité pour les nouveaux inspecteurs de l'environnement de « consulter tout document nécessaire à l'accomplissement de leur mission auprès des administrations publiques, des établissements et organismes placés sous le contrôle de l'Etat et des collectivités territoriales ». L'emploi du verbe « consulter » paraît donc offrir un droit plus limité aux inspecteurs de l'environnement, qui ne semblent pas disposer du pouvoir de contraindre les administrations de leur communiquer ces documents.

Mais il n'y a pas que dans le cadre national que les administrations sont tenues de communiquer des informations. Sur le fondement de la coopération internationale, les administrations françaises peuvent en effet être contraintes de communiquer des informations à d'autres Etats. Cela est notamment le cas en matière douanière, où l'administration douanière est autorisée à fournir des informations aux autorités étrangères[94]. Mais les administrations françaises peuvent également être tenues à une telle communication par un texte international. C'est le cas notamment de la Convention de Nairobi du 9 juin 1977,

---

[94] C. douanes art 65 6°).

ratifiée par la France en 2001, qui permet aux Etats contractants de se communiquer des documents dans le but de prévenir, de rechercher et de réprimer les infractions douanières[95]. Les administrations peuvent également devoir communiquer des informations aux Etats membres de l'Union européenne, celle-ci ayant mis en place une assistance mutuelle entre les administrations des Etats membres par un règlement communautaire du 13 mars 1997[96]. Néanmoins, cette coopération internationale paraît moins stricte pour les administrations que les obligations qui pèsent sur elles au point de vue national, puisque la communication des documents peut toujours être refusée lorsqu'elle serait de nature « à porter atteinte à sa souveraineté, sa sécurité ou à ses autres intérêts essentiels ou encore à porter préjudice aux intérêts commerciaux des entreprises publiques ou privées »[97].

Les administrations ou les organismes soumis au contrôle de l'autorité administrative peuvent être tenus de communiquer des documents aux agents des administrations fiscale et douanière. Mais cette obligation de communication peut peser, de manière plus large, sur l'ensemble des particuliers.

2. Un droit de communication pesant sur les particuliers

Les fonctionnaires des administrations ont la possibilité de demander à toute personne de leur communiquer des documents qui leur sont nécessaires pour constater une infraction. Cette obligation de communication pèse sur les « personnes physiques ou morales directement ou indirectement intéressées à des opérations régulières ou

---

[95] SOULARD (C.), *Guide pratique du contentieux douanier, préc.*

[96] Règlement (CE) n°515/97 du 13 mars 1997.

[97] Art. 3, Convention de Nairobi, 9 juin 1977, Organisation mondiale des douanes.

irrégulières relevant de la compétence du service des douanes »[98], ou sur le chef d'entreprise dans le cadre de la visite d'un inspecteur du travail[99]. Les fonctionnaires pourront aussi demander la communication des documents à toute personne, dans les mains de laquelle se trouvent les documents concernés[100].

Ces textes imposent donc aux individus, qui sont en possession de documents intéressant les administrations dans le cadre de la recherche d'infractions, de les faire parvenir aux agents qui en font la demande. Ces agents peuvent être l'inspecteur du travail, l'inspecteur de l'environnement, les agents des douanes ayant au moins la qualité de contrôleur, les agents de la concurrence, de la consommation et de la répression des fraudes, ou encore les agents de l'administration fiscale[101].

Cette obligation pesant sur les particuliers de communiquer les documents impose néanmoins que les documents soient remis librement par l'intéressé au fonctionnaire. Il s'agit en effet d'un droit de communication, et non d'un droit de saisie, et la Cour de cassation a ainsi considéré dans un arrêt du 15 octobre 1984 qu'un agent ayant fouillé le portefeuille d'un individu pour y saisir les documents qui l'intéressaient n'avait pas fait usage de l'article 65 du Code des douanes qui ne concerne que la libre communication des documents[102]. Néanmoins, cette liberté dont disposent les individus est extrêmement limitée, puisque l'article 413 bis du Code des douanes qualifie de contravention de 5ème classe le fait de refuser de

---

[98] C. douanes art 65 1° j).

[99] C. trav. art L8113-4.

[100] C. envir. art L172-11, et C. conso. art L215-3 al. 4.

[101] Pour toute une série d'individus listés par les articles L82A à L96J du Livre des procédures fiscales, l'article L83 étant mis à part étant donné qu'il concerne les administrations telles que décrites précédemment.

[102] Cass. Crim. 15 octobre 1984, n°83-93689.

communiquer des documents qu'un agent des douanes demanderait à un individu. Une disposition identique existe en matière fiscale avec l'article 1734 du Code général des impôts qui punit d'une amende de 1500€ le fait de refuser de communiquer des documents soumis au droit de communication dont bénéficie l'administration.

La question s'est donc posée de savoir si cette obligation de communication qui pèse sur les particuliers ne portait pas atteinte au droit de ne pas participer à sa propre incrimination. Dans un arrêt Funke c/ France du 25 février 1993[103], la Cour européenne des droits de l'homme a été amenée à vérifier la comptabilité du droit de communication avec l'article 6 de la Convention qui pose le droit à un procès équitable. Dans cet arrêt, la Cour de Strasbourg a conclu au fait que le droit de communication tel qu'il existe au titre de l'article 65 du Code des douanes ne portait pas atteinte en lui-même au droit à un procès équitable reconnu par la Convention. En revanche, en l'espèce, les agents des douanes, qui avaient fait condamner l'intéressé pour refus de communication de pièces, alors même que les fonctionnaires supposaient l'existence de ces documents sans en avoir la certitude, avaient violé l'article 6 §1 de la Convention européenne des droits de l'homme. Si dans cet arrêt de 1993, la violation de la Convention a été reconnue, ce n'est pas pour l'obligation de communication pesant sur l'individu, mais bien pour l'exercice illégal qui en a été fait par les agents des douanes.

Plus récemment, le Conseil constitutionnel a été saisi d'une question prioritaire de constitutionnalité portant sur cet article 65 du Code des douanes. Dans une décision du 27 janvier 2012[104], le Conseil constitutionnel conclut à la constitutionnalité du droit de communication dont disposent

---

[103] CEDH, 25 février 1993, Funke c/ France, n°10588/83.
[104] Cons. Const. 27 janvier 2012, n°2011-214 QPC.

les agents des douanes, ce droit étant conforme au principe selon lequel nul n'est tenu de s'accuser, principe issu de l'article 9 de la Déclaration des droits de l'homme et du citoyen. Le fait de fournir un document à l'administration des douanes ne représente en rien un aveu de culpabilité, et ainsi l'individu ne contribue pas à sa propre incrimination[105]. D'autant plus que le Conseil n'a pas manqué de vérifier la compatibilité de ce dispositif avec les droits de la défense, qui sont en l'espèce garantis puisque d'une part des contestations des investigations douanières sont par la suite possibles devant l'autorité judiciaire et d'autre part l'individu peut toujours se faire assister d'un avocat[106].

Si les fonctionnaires ont la possibilité de se faire communiquer des documents de la part des administrations ou de particuliers, ils ont également le pouvoir, afin de participer à la recherche d'infractions, de procéder à des saisies ou à des retenues.

B. Les droits de saisie et de retenue

Les fonctionnaires de certaines administrations qui constatent l'existence d'une infraction ont le pouvoir d'une part de retenir les marchandises objets de l'infraction (1), et d'autre part de retenir les personnes auteurs de l'infraction (2).

1. La possibilité de retenir les marchandises

Lorsqu'ils constatent l'existence d'une infraction, les fonctionnaires de certaines administrations ont reçu de la loi le pouvoir de saisir les objets de cette infraction. C'est le cas des agents des douanes[107], des inspecteurs de

---

[105] ROUSSEL (G.), Constitutionnalité du droit de communication des douanes, *AJ Pénal* 2012, p. 167.

[106] *Ibid.*

[107] C. douanes art 323 §2.

l'environnement[108], mais aussi des agents de la concurrence, de la consommation et de la répression des fraudes[109]. Ces textes permettent ainsi aux fonctionnaires d'immobiliser l'objet de l'infraction et d'en prendre possession.

Cette procédure de saisie présente deux objectifs pour les administrations. Elle permet tout d'abord de conserver les intérêts du Trésor public[110], en s'assurant que les droits qui auraient pu être fraudés, et donc perdus pour le Trésor, si l'infraction n'avait pas été constatée, pourront revenir une fois les poursuites enclenchées dans les caisses du Trésor. Mais cette procédure de saisie permet également de réunir des pièces à conviction contre l'auteur de l'infraction. Elle possède donc, de manière au moins aussi importante que la finalité conservatoire, un but probatoire.

La saisie donne lieu à la rédaction d'un procès-verbal de saisie, qui doit mentionner précisément les objets de celle-ci. Ce procès-verbal doit également préciser si la saisie qui a eu lieu est réelle ou fictive. La saisie sera fictive lorsque l'objet n'est pas présent au moment de la saisie. Cette saisie donnera généralement lieu à une confiscation en valeur, c'est-à-dire à l'immobilisation d'une somme d'argent correspondant à la valeur de l'objet, qui sera physiquement laissé à la disposition de son propriétaire. Lorsque la saisie est réelle, l'objet est en principe transporté dans les locaux de l'administration, par exemple s'agissant des douanes au bureau des douanes le plus proche du lieu de la saisie. Lorsque cela n'est pas possible, l'objet pourra être confié à la garde du prévenu ou d'un tiers. En revanche, en cas de saisie fictive, aucun gardien n'a à être désigné par le procès-verbal[111].

---

[108] C. envir. Art L172-12.

[109] C. conso. Art L215-5.

[110] BERR (C.-J.), TREMEAU (H.), *Le droit douanier, préc.*

[111] Cass. Crim. 19 octobre 1995, n°94-80717.

Le contenu du procès-verbal de saisie est défini strictement, s'agissant des agents des douanes, par l'article 325 du Code des douanes. Une fois rédigé, le procès-verbal est transmis au procureur de la République. L'autorité judiciaire n'intervient donc qu'une fois la saisie réalisée. L'article L215-5 du Code de la consommation précise toutefois une liste limitative de cas où la saisie peut avoir lieu sans intervention préalable de l'autorité judiciaire. Il s'agit du flagrant délit de falsification, et de la saisie d'une liste de cinq types de produits reconnus falsifiés, impropres à la consommation ou encore comme pouvant présenter des dangers pour la population.

Outre la possibilité de saisir les objets de l'infraction, certains fonctionnaires ont également le pouvoir de prélever des échantillons, afin de faire procéder à des analyses, sur des produits ou des matières répondant à des normes strictes. Ce pouvoir de prélèvement a été reconnu aux inspecteurs du travail, aux inspecteurs de l'environnement, et aux agents de la concurrence, de la consommation et de la répression des fraudes[112]. Le prélèvement de ces échantillons, dont l'analyse est confiée à des laboratoires spécialisés, s'inscrit dans la logique de contrôle qui régit l'action de ces fonctionnaires. Ceux-ci ont en effet pour mission de vérifier l'application de la réglementation, et pour certaines normes particulières, le prélèvement d'échantillons est le seul moyen de s'assurer que les règles sont respectées.

Les marchandises objets de l'infraction peuvent ainsi être saisies par les agents des administrations, dans un double but conservatoire et probatoire. Mais en plus des marchandises, certains fonctionnaires disposent également du pouvoir de retenir les auteurs de l'infraction.

---

[112] C. trav. Art L8113-3, C. envir. Art L172-14, C. conso. Art L215-3 §6.

2. La possibilité de retenir les auteurs de l'infraction

La possibilité de retenir les personnes auteures de l'infraction, et donc de les priver temporairement de leur liberté d'aller et venir, est un pouvoir encore plus attentatoire aux libertés individuelles. C'est pourquoi les fonctionnaires qui disposent de ce pouvoir sont rares. En réalité, il n'y a que les agents des douanes qui peuvent prendre une mesure ressemblant à la garde à vue. C'est ce qu'on appelle la retenue douanière, encadrée par les articles 323-1 et suivants du Code des douanes.

Cette « garde à vue douanière » est utilisée par les douanes depuis de nombreuses années, la jurisprudence considérant que ce pouvoir était à rattacher tantôt aux principes généraux du droit administratif[113], tantôt au droit de visite général prévu par l'article 60 du Code des douanes[114]. Mais c'est par une loi du 8 juillet 1987 que le régime de la retenue douanière a été introduit au Code des douanes, à l'article 323 §3 qui prévoyait que les agents pouvaient procéder « à la capture des prévenus en cas de flagrant délit ». Mais tout comme pour la garde à vue classique[115], le régime de la retenue douanière a été censuré par le Conseil constitutionnel dans une décision rendue sur question prioritaire de constitutionnalité[116]. Les motifs de censure étaient les mêmes que ceux ayant visé la garde à vue, le Conseil ayant constaté l'absence d'assistance effective d'un avocat et l'absence de notification du droit au silence pour la personne placée en retenue douanière. Le régime de la retenue douanière, qui était fixé par le 3°) de l'article 323 du

---

113 Trib. Confl. 2 décembre 1904.

114 Cass. Crim. 15 juin 1987, 86-93945.

115 Cons. Const. 30 juillet 2010, n°2010-14/22 QPC.

116 Cons. Const. 22 septembre 2010, n°2010-32 QPC.

Code des douanes, est donc déclaré non conforme à la Constitution par les Sages.

Mais au regard du régime de la retenue douanière tel qu'il existait depuis la loi de 1987, il n'est pas surprenant que le Conseil ait conclu à une non-conformité. En effet, sous prétexte du caractère exorbitant du droit douanier, le régime de la retenue douanière ne prévoyait ni assistance d'un avocat, ni assistance d'un interprète, ni possibilité de garder le silence[117]. Ces manquements aux libertés individuelles ont été corrigés par la loi du 14 avril 2011. Ce texte, qui a réformé la procédure de garde à vue, a également créé les articles 323-1 et suivants du Code des douanes, qui régissent la nouvelle procédure de retenue douanière.

Désormais, l'article 323-1 prévoit que la retenue douanière ne peut être exercée qu'en cas de flagrant délit puni d'une peine d'emprisonnement. En outre, le Code des douanes prévoit désormais que la retenue douanière doit être « justifiée par les nécessités de l'enquête douanière ». Contrairement au Code de procédure pénale qui prévoit une liste de six objectifs devant justifier la garde à vue, le Code des douanes emploie donc une mesure plus large en visant les nécessités de l'enquête douanière. Le régime de la retenue douanière n'est donc pas totalement aligné sur celui de la garde à vue, comme le demandaient certains auteurs après la décision de censure du Conseil constitutionnel[118].

En revanche, s'agissant des droits reconnus aux individus placés en retenue douanière, la loi n'a pas fait de distinction avec ceux reconnus au gardé à vue. La personne placée en retenue douanière dispose désormais du droit à l'assistance

---

[117] BERR (C.-J.), La retenue douanière, une copie à revoir, *D.* 2010, p. 2301.

[118] PANNIER (J.), A propos de la retenue douanière, *D.* 2010, p.2352.

d'un avocat[119], mais également du droit de garder le silence[120].

Le régime de la retenue douanière est également calqué sur celui de la garde à vue. La durée de la retenue ne peut ainsi pas excéder la durée de 24 heures, ce délai pouvant être prolongé de 24 heures sur autorisation du procureur de la République, si les nécessités de l'enquête douanière le justifient. Par ailleurs, le procureur de la République est informé du placement en retenue douanière de la personne dès que celui-ci est effectif, et a ensuite un rôle de contrôle du déroulement de cette mesure. C'est en effet à lui de s'assurer que les droits reconnus à la personne sont sauvegardés.

La loi du 14 avril 2011, si elle a modifié le régime de la retenue douanière, n'a pas remis en question la possibilité pour les agents des douanes de pouvoir retenir des individus pour les nécessités de leur enquête. Les douaniers restent ainsi les seuls fonctionnaires qui disposent du pouvoir de priver les individus de leur liberté d'aller et venir. Ces pouvoirs de police judiciaire importants accordés aux agents des douanes sont nécessaires pour qu'ils puissent constater le plus facilement possible les infractions douanières qu'ils peuvent rencontrer. C'est toujours dans ce but de faciliter la constatation d'infractions techniques que la loi a accordé des pouvoirs de police judiciaires aux agents de certaines administrations, ces pouvoirs variant selon les infractions concernées. Ces infractions techniques ne pourraient pas être constatées par des agents ou des officiers de police judiciaire classiques, et c'est pour cela que l'intervention de l'administration est primordiale à ce niveau. Dans certaines situations, l'intervention de l'administration est également

---

[119] C. douanes art 323-5.

[120] C. douanes art 323-6 4°).

essentielle car il est nécessaire qu'elle prenne un acte permettant de mettre en mouvement l'action publique.

Chapitre 2. La nécessité d'un acte préalable des administrations aux fins de mise en mouvement de l'action publique

Pour certaines infractions, la poursuite ne peut être déclenchée par le ministère public uniquement si l'administration a, au préalable, pris un acte particulier. L'administration possède alors un rôle important, puisque sans son action, les poursuites ne peuvent être engagées. Elle est alors chargée de donner un avis ou de prendre une mise en demeure (Section 1), voire dans certains cas de transmettre une plainte au ministère public (Section 2).

Section 1. Les avis et mises en demeure des administrations

L'acte que les administrations doivent prendre afin de permettre au ministère public de mettre l'action publique en mouvement peut être un avis, que l'administration transmet au parquet (§ 1), ou une mise en demeure, qui est alors adressée à l'auteur de l'infraction (§ 2).

§ 1. Les avis transmis au ministère public

Cette procédure de transmission d'un avis par l'administration concerne principalement l'avis émis par le ministre de la défense ou l'autorité militaire. Sont en effet exclus les avis émis par les autorités administratives indépendantes, qui ne sont pas des administrations. L'émission de l'avis par l'administration (A) représente alors un préalable à l'engagement des poursuites. Toutefois, cet avis, bien qu'obligatoire, possède une portée juridique limitée (B).

A. L'émission de l'avis par l'administration

Si demander un avis au ministre de la défense est obligatoire par principe (1) pour engager les poursuites, le ministère public peut, de manière exceptionnelle, être exempté de recueillir cet avis (2).

1. Une demande d'avis obligatoire par principe

Le procureur de la République est tenu de « demander préalablement à tout acte de poursuite (...) sauf en cas de crime ou de délit flagrant, l'avis du ministre chargé de la défense ou de l'autorité militaire habilitée par lui »[121]. Cet avis doit être demandé par le procureur de la République lorsqu'il veut poursuivre une infraction commise par un militaire, dans l'exercice de son service, en temps de paix. Une infraction commise par un militaire affecté à aucune tâche et n'exerçant aucun devoir attaché à ses fonctions ne sera donc pas concernée par la procédure spéciale prévue par le Code de procédure pénale puisque non commise dans l'exercice d'un service, et ce même si elle est commise au sein d'un établissement militaire[122]. Une telle infraction est

---

[121] C. pr. pén. art 698-1, auquel il est fait référence par renvoi par C. just. mil. art L211-11.

[122] Cass. Crim. 2 octobre 1987, n°87-80858.

alors considérée comme une infraction de droit commun, le statut de militaire de l'auteur n'ayant alors aucune incidence sur la procédure qui se tiendra devant le tribunal correctionnel ou la cour d'assises classiques et non devant les juridictions de droit commun spécialisées en matière militaire. De même, les contraventions relèvent de manière générale de la compétence du tribunal de police de droit commun, et ce quel que soit le rapport entre cette contravention et l'exécution d'un service par le militaire.

Toute infraction commise en temps de paix par un militaire à l'occasion de l'exercice de ses fonctions nécessite donc, pour être poursuivie, que le ministre de la défense ou l'autorité militaire donne un avis au ministère public. A défaut, la nullité de la procédure est encourue. Si le procureur de la République engage les poursuites sans avoir recueilli cet avis, la personne poursuivie pourra soulever l'exception de nullité devant les juridictions de jugement afin de stopper immédiatement la procédure. Cette exception de nullité peut, par ailleurs, être valablement soulevée pour la première fois devant la cour d'appel[123]. Cette solution apparaît ainsi assez protectrice des droits des prévenus, qui auront la possibilité de faire annuler la procédure à tout moment dès lors que l'avis obligatoire n'a pas été recueilli par le procureur de la République.

Cet avis doit être délivré, conformément aux termes du Code de procédure pénale, par le ministre chargé de la défense ou par l'autorité militaire habilitée par lui. Le ministre de la défense, membre du gouvernement, est désigné par le président de la République, sur proposition du premier ministre[124]. Il est le seul ministre habilité à rendre l'avis nécessaire à l'engagement des poursuites. Ainsi, une

---

[123] Cass. Crim. 22 juin 1988, n°87-91621.

[124] Constitution art. 8 al. 2 : « Sur la proposition du Premier ministre, il [le Président de la République] nomme les autres membres du Gouvernement et met fin à leurs fonctions ».

procédure où l'avis a été rendu par le ministre des affaires sociales doit nécessairement être annulée par la juridiction amenée à l'étudier[125]. Un tel avis ne remplit pas les conditions prévues par les textes, et si le ministre de la défense ne peut donner cet avis, c'est à l'autorité militaire qu'il a habilitée de le rendre à sa place. Ces autorités militaires habilitées à rendre cet avis en cas d'impossibilité du ministre de la défense sont désignées par ce dernier par un arrêté[126].

C'est au ministère public de prendre l'initiative et de demander l'avis du ministre de la défense ou de l'autorité militaire lorsqu'il a connaissance d'une infraction nécessitant cet avis. Cette demande peut être effectuée par tout moyen, et doit être mentionnée au dossier de la procédure. Une fois cette demande transmise à l'institution militaire, celle-ci dispose d'un délai d'un mois pour rendre son avis, qui est rendu de manière écrite et versé à son tour au dossier de la procédure.

L'avis transmis par l'institution militaire au ministère public est obligatoire pour le parquet avant de mettre en mouvement l'action publique. Mais dans certaines situations, le parquet n'est pas tenu de recueillir cet avis auprès du ministre de la défense ou de l'autorité militaire habilitée par lui.

2. La disparition du caractère obligatoire de l'avis

Afin de mettre en mouvement l'action publique contre un militaire ayant commis une infraction en temps de paix à l'occasion de son service, le procureur de la République doit recueillir l'avis de l'institution militaire. Mais il n'a pas à recueillir cet avis s'il a eu connaissance des faits par le truchement d'une dénonciation de l'institution militaire.

---

[125] CA Paris, 1er juillet 1987, Juris-data n°1987-600059.

[126] C. just. mil. art L211-11.

Cette dénonciation des faits est d'ailleurs censée être le principe, si l'on se base sur l'article 40, alinéa 2 du Code de procédure pénale qui impose aux fonctionnaires la dénonciation de tous les faits pouvant constituer une infraction qu'ils rencontrent dans l'exercice de leurs fonctions[127]. Les infractions constatées par l'institution militaire devraient être donc en principes être immédiatement portées à la connaissance du procureur de la République. Si cette dénonciation a lieu, le parquet n'a pas à solliciter à nouveau l'institution militaire pour obtenir son avis sur les poursuites à donner à l'infraction. On considère ainsi que, puisqu'il y a eu dénonciation, l'institution militaire a implicitement donné un avis favorable aux poursuites que pourrait engager le procureur de la République.

L'avis de l'institution militaire n'a pas non plus à être recueilli « en cas de crime ou de délit flagrant »[128]. Dans le cas où un militaire commet, dans l'exercice d'un service, un crime ou un délit flagrant, le procureur de la République pourra donc, s'il le juge opportun, saisir immédiatement les juridictions compétentes pour juger ce militaire ayant commis une infraction à l'occasion de ses fonctions, sans avoir à se tourner vers l'institution militaire. L'avis de l'institution militaire n'a pas non plus à être recueilli lorsqu'une infraction est commise par un militaire en dehors de l'exercice de ses fonctions, durant sa vie privée par exemple[129]. Ainsi, un homme qui serait auteur de violences conjugales sur sa compagne pourrait être poursuivi sans que l'institution militaire n'ait à donner son avis.

Par ailleurs, l'obligation de recueillir l'avis auprès de l'autorité militaire ne s'applique qu'à la mise en mouvement

---

[127] DE ANDRADE (A.), Une particularité de la procédure pénale applicable aux militaire : l'avis du ministre de la Défense, *Rev. sc. crim.* 2002, p. 71 et s.

[128] C. pr. pén. art 698-1.

[129] Cf. *Supra.*

de l'action publique. Ainsi, la Cour de cassation a refusé d'appliquer cette obligation à la mise en examen décidée par un juge d'instruction[130]. En l'espèce, un juge d'instruction avait été saisi in rem, contre personne non dénommée, pour des faits d'homicide et blessures involontaires. Au cours de la procédure, c'est un militaire qui a été mis en cause et qui donc été mis en examen par le juge d'instruction. Le militaire considérait que le juge d'instruction aurait dû demander l'avis de l'institution militaire avant de le mettre en examen. Mais la Cour de cassation rappelle dans cet arrêt que l'article 698-1 du Code de procédure pénale ne concerne que la mise en mouvement de l'action publique par le procureur de la République. Le juge d'instruction pouvait donc librement mettre en examen un militaire, après avoir été saisi in rem, et ce sans avoir besoin de recueillir l'avis de l'autorité militaire, puisqu'au moment du réquisitoire introductif du procureur de la République, il était impossible de savoir qu'un militaire allait être inculpé. En revanche, on peut supposer, même si la jurisprudence ne s'est pas encore prononcée sur une telle situation, que si un juge d'instruction était saisi in personam, avec un réquisitoire introductif pris contre un militaire pour une infraction commise dans l'exercice d'un service, alors il serait à nouveau nécessaire de recueillir l'avis de l'autorité militaire.

Dans l'ensemble de ces situations, le procureur de la République qui souhaite engager des poursuites contre un militaire auteur d'une infraction peut le faire librement, sans avoir à recueillir l'avis de l'autorité militaire. Le ministère public retrouve ainsi une totale appréciation de l'opportunité des poursuites à donner à une infraction dont il a connaissance. Mais, même dans les cas où le parquet est tenu de se faire transmettre un avis par l'institution militaire, l'opportunité des poursuites n'est pas vraiment atteinte, car l'avis n'a qu'une portée juridique limitée.

---

[130] Cass. Crim. 16 juillet 1997, n°96-83705.

B. Un avis à la portée juridique limitée

L'avis de l'autorité militaire a une portée limitée, puisqu'il est uniquement consultatif (1). Son objectif est en réalité d'éclairer le ministère public (2) afin de l'aider à prendre une décision quant aux poursuites à donner à l'infraction.

1. La portée consultative de l'avis

L'avis transmis par le ministre de la défense ou l'autorité militaire habilitée par lui au parquet n'a pas d'incidence sur la suite à donner à la procédure. Il s'agit en effet d'un avis uniquement consultatif, qui ne lie pas le procureur de la République dans son appréciation de l'opportunité des poursuites[131]. Le ministère public n'est donc pas tenu d'obtenir de la part de l'institution militaire un avis conforme, qui autoriserait le parquet à engager des poursuites contre le militaire soupçonné d'avoir commis une infraction dans l'exercice de son service.

L'obligation juridique fixée par l'article 698-1 du Code de procédure pénale est donc une obligation formelle, qui porte simplement sur l'existence de l'avis et non sur son contenu. La procédure de demande d'avis auprès de l'autorité militaire, bien qu'importante puisque susceptible d'entraîner la nullité des poursuites si elle n'est pas engagée[132], n'a pas d'incidence réelle sur le choix qu'exercera le procureur de la République quant aux poursuites, puisque celui-ci n'est pas tenu de prendre en considération la position que l'institution militaire a exprimée dans l'avis.

Le ministère public n'est pas non plus lié par la qualification juridique des faits qui a été prise dans l'avis émis par l'institution militaire[133]. Le procureur de la

---

[131] DE ANDRADE (A.), Une particularité de la procédure pénale applicable aux militaires : l'avis du ministre de la Défense, *préc.*

[132] Cf. *Supra.*

[133] Cass. Crim. 13 octobre 1997, n°93-82527.

République, au moment de mettre en mouvement l'action publique, ou même le juge correctionnel, lors de l'audience, peuvent donc procéder à une requalification de l'infraction par rapport au choix qui avait été fait dans l'avis, et ce afin de pouvoir maintenir les poursuites contre l'individu. Dans ce cas, le magistrat n'est pas tenu de demander l'avis de l'institution militaire sur la nouvelle qualification qui sera donnée aux faits. L'avis rendu par l'autorité militaire est en effet davantage lié à la qualité de militaire de la personne poursuivie qu'au caractère particulier des faits en cause.

Si l'avis rendu par l'institution militaire ne lie pas le ministère public ni sur les poursuites à engager ni sur la qualification à donner aux faits, le procureur de la République fait quand même, dans la majorité des cas, le choix de suivre la position qu'avait émise l'autorité militaire. Dans un colloque en 2001, J. Stern, ancien procureur au tribunal aux armées de Paris, estimait que près de 80% des avis émis par l'institution militaire étaient suivis par le parquet[134]. L'avis émis par l'institution militaire représente donc un guide important pour le procureur de la République, et un moyen pour lui d'avoir l'opinion de personnes spécialisées dans une partie de la procédure pénale qui est parfois méconnue des magistrats. La conclusion formulée par l'institution militaire, qui peut inciter le parquet à poursuivre, à classer sans suite ou encore à rechercher plus d'informations, va ainsi avoir une incidence, au moins informelle, sur la position qu'exprimera par la suite le magistrat chargé de déclencher les poursuites.

L'avis émis par l'autorité militaire, bien que n'ayant qu'une portée consultative, a un rôle important dans la décision prise par le procureur de la République puisqu'il permet de l'éclairer sur des points souvent méconnus du ministère public.

---

[134] SAAS (C.), La justice militaire en France, *APC* 2007, p. 183 et s.

2. Une volonté d'éclairer le ministère public

L'avis imposé par l'article 698-1 du Code de procédure pénale permet au parquet d'obtenir le regard expert de l'administration sur une situation qui peut être compliquée à maîtriser pour un non initié. Par l'intermédiaire de cet acte, l'administration va pouvoir fournir au ministère public toute une série d'éléments qui pourront être déterminants dans la position qu'il choisira de prendre à l'arrivée. L'administration militaire va pouvoir ainsi détailler la personnalité de l'individu mis en cause, en insistant par exemple sur les rapports que celui-ci pouvait avoir avec sa hiérarchie. Ces éléments peuvent être importants pour le procureur de la République, afin d'avoir un premier point de vue sur l'individu qu'il pourrait poursuivre.

Mais surtout, l'institution militaire va pouvoir donner au parquet des éléments sur les circonstances de la commission de l'infraction[135]. Ces circonstances sont essentielles pour permettre au procureur de la République de comprendre ce qui a pu entraîner la commission de l'infraction au cours de l'exercice d'une mission militaire. Le contexte d'une opération militaire est extrêmement particulier, et cela est d'autant plus le cas quand il s'agit d'opérations extérieures se déroulant hors du territoire national, et il est important que le ministère public puisse en avoir connaissance avant de pouvoir prendre sa décision sur l'opportunité des poursuites. L'avis va également pouvoir mentionner des éventuelles sanctions disciplinaires que l'autorité militaire aurait déjà pu infliger à l'individu. Dans un article de 2002, Aurélie de Andrade considère que le fait que le parquet ait connaissance des sanctions disciplinaires infligées à l'auteur des faits peut permettre au procureur de la République d'estimer que ces

---

[135] SAAS (C.), La justice militaire en France, *préc.*

sanctions sont suffisantes, et qu'il est opportun de procéder à un classement sans suite[136].

En imposant au procureur de la République de recueillir l'avis de l'institution militaire, la loi a ainsi considéré qu'il était essentiel pour le parquet de pouvoir disposer d'une compréhension générale des faits avant de prendre une décision sur les poursuites à donner à l'infraction. Cette pratique de l'avis, que les juridictions peuvent demander ponctuellement à des entités spécialisées telles que l'autorité de la concurrence, a ainsi été généralisée en matière militaire, ce qui s'explique sans doute par la spécificité militaire. Dans un rapport rendu en 2003, M. Denoix de Saint Marc estimait ainsi que l'information du juge pénal « méritait une attention particulière » et constituait « une garantie pour les militaires mis en cause à la suite d'un accident »[137]. Cet avis semble ainsi apparaître comme un outil pour s'assurer des décisions meilleures, en ce qu'elles seraient plus justes, de la part de l'autorité judiciaire.

Pourtant, l'existence de cet avis a été remise en question, tant il semble être un vestige d'un système pénal militaire où c'était l'autorité militaire qui jugeait elle-même les militaires coupables d'une infraction[138]. Cet avis apparaît ainsi comme une procédure d'exception qui se justifie de moins en moins, et qui remet en question l'idée selon laquelle tous les justiciables seraient égaux devant la justice. L'administration militaire est en effet la seule qui doive obligatoirement rendre un avis à l'autorité judiciaire avant la mise en mouvement de l'action publique, ce qui peut apparaître aux yeux de certains auteurs comme une rupture dans l'égalité de

---

[136] DE ANDRADE (A.) Une particularité de la procédure pénale applicable aux militaires : l'avis du ministre de la Défense, *préc.*

[137] DENOIX DE SAINT MARC (R.), *Rapport de la commission de révision du statut général des militaires*, Rapport remis à Mme la ministre de la Défense le 29 octobre 2003.

[138] SAAS (C.), La justice militaire en France, *préc.*

traitement des justiciables, que ne saurait justifier la spécificité militaire. Cependant, l'avis n'est pas le seul moyen pour une administration d'intervenir avant l'engagement des poursuites, et certaines administrations sont en effet tenues d'adresser une mise en demeure à l'auteur de l'infraction. Sans cette mise en demeure, le ministère public est dans l'impossibilité d'engager les poursuites s'il le souhaite.

§2. Les mises en demeure adressées à l'auteur de l'infraction

Afin d'engager des poursuites contre certains auteurs d'infractions, notamment au droit du travail ou au droit de la sécurité sociale, le parquet est tenu de vérifier que l'administration avait mis en demeure l'employeur de se conformer à la loi (A). Si cette mise en demeure est restée sans effets (B), alors le ministère public peut mettre en mouvement l'action publique.

A. Une mise en demeure de se conformer à la loi

Le fonctionnaire qui relève l'existence d'une infraction est tenu, pour certaines infractions sociales, de mettre en demeure l'employeur avant de transmettre le dossier au ministère public (1) pour que celui-ci engage les poursuites. Cette mise en demeure doit par ailleurs fixer un délai durant lequel l'employeur en infraction doit régulariser la situation (2).

1. Une mise en demeure préalable à la transmission du dossier au ministère public

Lorsque certaines infractions sont constatées en matière sociale, l'administration tient des textes des Codes du travail et de la sécurité sociale l'obligation de faire parvenir une mise en demeure à l'employeur afin que celui-ci procède à la régularisation de la situation[139]. Les infractions concernées par cette obligation de mettre en demeure l'employeur sont les infractions aux règles d'hygiène et de sécurité au travail[140], les infractions aux règles prévoyant l'indemnisation de travailleurs privés d'emplois, ainsi que les règles relatives à la législation sociale.

Dans le cadre du Code de la sécurité sociale, la mise en demeure n'est obligatoire que dans le cas où les poursuites ont été intentées à la demande de toute partie intéressée, tel que tout organisme de sécurité sociale. A l'inverse, si les poursuites ont lieu à la requête du ministère public, qui peut agir sur demande du ministre chargé des affaires sociales par exemple, la mise en demeure peut être remplacée par un simple avertissement, dont le but est toutefois le même : obtenir la régularisation de la situation par l'employeur. Dans tous les cas, la mise en demeure précède directement l'action de poursuite qui a lieu « devant le tribunal de police »[141]. A l'inverse, la mise en demeure adressée par l'inspecteur du travail ne précède pas directement la saisine du tribunal, mais la rédaction du procès-verbal et la transmission de celui-ci au ministère public[142].

La mise en demeure doit répondre à un formalisme important, car il est nécessaire qu'elle informe de manière précise l'employeur sur l'étendue des obligations qui sont les siennes[143]. La Cour de cassation a ainsi posé le principe selon lequel la mise en demeure doit permettre à l'intéressé « d'avoir connaissance de la nature, de la cause et de

---

139 C. trav. art L4721-4 et L5422-15, C. séc. soc. art L244-2.

140 Une liste de ces infractions étant donnée à l'article R4721-5 du Code du travail.

141 C. séc. soc. Art L244-1.

142 Cf. *Supra.*

143 Petit (F.), Le formalisme des mises en demeure émises par l'URSSAF, *JCP E* 1998, p. 980.

l'étendue de ses obligations »[144]. Pour cela, il est donc nécessaire que la mise en demeure indique les infractions qui ont été constatées par l'agent de l'administration, mais aussi la date à laquelle elles ont été constatées, ou encore les réglementations que l'employeur n'a pas respectées, et ce afin de permettre à celui-ci de se mettre en conformité avec celles-ci.

Néanmoins, cette précision de la mise en demeure n'est pas contrôlée de manière très stricte par la Cour de cassation, qui a par la suite admis qu'une mise en demeure qui ne comportait pas d'indications suffisantes sur les obligations qui incombaient à l'employeur, pouvait être complétée par une autre mise en demeure intervenue après et venue préciser les dispositions de la première[145]. En l'espèce, si la première mise en demeure avait été la seule reçue par l'employeur, alors elle aurait été frappée de nullité, mais puisqu'elle avait été complétée par la suite, il fallait en admettre la validité. Cette position de la Haute Juridiction vient atténuer le formalisme qu'elle avait initialement adopté quant au contenu de cette mise en demeure.

On perçoit ainsi que ce qui est crucial pour la Cour de cassation, c'est que la mise en demeure permette l'information de l'individu en faute, afin de lui laisser la possibilité de procéder à la régularisation nécessaire. L'essentiel est que cette information soit réalisée, quand bien même deux mises en demeure successives auraient été nécessaires pour y parvenir.

En matière sociale, lorsque l'administration a connaissance d'une infraction qu'elle souhaite voir poursuivie devant les juridictions pénales, il est nécessaire qu'elle mette préalablement en demeure l'employeur de se

---

[144] Cass. Soc. 19 mars 1992, n°88-11682, arrêt rendu sur une mise en demeure en matière de sécurité sociale.

[145] Cass. Soc. 23 octobre 1997, n°95-10655.

conformer à la réglementation qu'il ne respecte pas. Cette mise en demeure doit alors fixer un délai pour permettre à celui-ci de prendre les dispositions pour se mettre en accord avec les textes.

2. La fixation d'un délai permettant de régulariser la situation

La mise en demeure a pour objectif de permettre à l'employeur de régulariser sa situation, et d'échapper ainsi aux poursuites qui pourraient être déclenchées contre lui. C'est dans ce but que la mise en demeure doit comporter un délai, à l'issue duquel la régularisation doit avoir eu lieu. Ce délai est d'un mois en matière de sécurité sociale[146] mais peut varier en matière de droit du travail, puisqu'il est « fixé en tenant compte des circonstances »[147]. C'est donc l'autorité administrative chargée d'émettre la mise en demeure, en l'occurrence l'inspection du travail, qui va déterminer ce délai.

Pour fixer ce délai, l'inspecteur du travail doit prendre en compte les circonstances. Cela implique donc qu'il se base sur la nature de l'infraction, pour estimer le temps qui pourrait être nécessaire à l'employeur pour prendre les mesures nécessaires à sa disparition. Ainsi, pour des infractions relatives aux règles de sécurité dans l'entreprise, l'inspection du travail devra prendre en compte la durée des travaux qui pourraient être éventuellement nécessaires pour pouvoir mettre en conformité l'entreprise avec les textes normatifs en cette matière.

Néanmoins, le Code du travail ne laisse pas toute liberté à l'inspection du travail, puisque le texte de l'article L4721-6 précise que ce délai est établi à partir d'un délai minimum prévu au cas par cas par des décrets d'application. Mais il

---

[146] C. séc. soc. art L244-2.

[147] C. trav. art L4721-6.

précise aussi que ce délai ne peut pas être inférieur à quatre jours. On comprend bien l'intérêt que le législateur a trouvé à laisser au minimum quatre jours à l'employeur pour régulariser sa situation. Il était en effet nécessaire de laisser un laps de temps suffisant à l'employeur pour qu'il puisse prendre ses dispositions afin de faire disparaître les infractions qui avaient été constatées par l'inspecteur du travail.

Cette période, durant laquelle l'employeur va pouvoir prendre tous les actes nécessaires à la régularisation de sa situation, permet d'assurer l'effectivité de la mise en demeure qui a pour objectif d'inciter les employeurs à se mettre immédiatement en conformité avec la réglementation, afin d'éviter des poursuites pénales. En cela, la mise en demeure adressée par l'administration à l'auteur d'une infraction peut être considérée comme un mécanisme para-pénal qui existerait pour essayer de limiter au maximum l'intervention du droit pénal, et des juridictions pénales, dans des domaines techniques où les intéressés ont plutôt intérêt à tout faire pour essayer de se passer de la publicité d'un procès pénal.

La mise en demeure illustre ainsi la spécificité du droit du travail et de la sécurité sociale. En ces matières en effet, on perçoit le fait que l'objectif du législateur ne soit pas la répression à tout va, mais bien la disparition de situations infractionnelles pouvant porter atteinte à la sécurité des travailleurs. La spécificité de la matière sociale est à rapprocher de la spécificité militaire[148] qui prévoit également l'existence d'un mécanisme, situé entre la constatation de l'infraction et le déclenchement des poursuites, qui permet à l'administration d'avoir un droit de regard sur les infractions qui seront par la suite poursuivies par le ministère public.

Mais pour que ces infractions soient poursuivies par le procureur de la République, il est nécessaire que la mise en

---

[148] Cf. *Supra.*

demeure adressée par l'administration à l'auteur de l'infraction soit restée sans effets.

B. Une mise en demeure restée sans effets

Dans certaines situations, l'inspecteur du travail ou le fonctionnaire de la sécurité sociale, qui souhaite que des poursuites soient engagées, peut de manière exceptionnelle ne pas mettre en demeure l'intéressé (1) et transmettre le dossier immédiatement au ministère public. Dans les autres cas, il est nécessaire de constater que la régularisation à laquelle était tenu l'auteur de l'infraction n'a pas eu lieu (2).

1. L'absence exceptionnelle de mise en demeure

L'inspecteur du travail peut rédiger le procès-verbal constatant l'infraction sans mise en demeure préalable « lorsque les faits qu'il constate présente un danger grave ou imminent pour l'intégrité physique des travailleurs »[149]. Cette procédure d'urgence, créée par la loi du 6 décembre 1976, permet ainsi à l'inspecteur du travail qui constate des infractions d'une gravité importante à engager immédiatement la procédure visant à sanctionner l'employeur.

Dans le domaine de l'hygiène et de la sécurité au travail, où la mise en demeure est par principe obligatoire avant la rédaction du procès-verbal, le législateur a voulu, par ce mécanisme, assurer la protection des travailleurs. Dès lors que l'infraction constatée par l'inspecteur du travail risque de porter atteinte de manière importante à la sécurité des travailleurs, la procédure visant à engager les poursuites pénales contre l'employeur est simplifiée, puisque la mise en demeure devient facultative. On cherche ainsi à accélérer la phase de constatation de l'infraction par l'inspecteur du travail, afin que celui-ci rédige son procès-verbal le plus

---

[149] C. trav. art L4721-5.

rapidement possible pour que, par la suite, les poursuites soient engagées par le ministère public. Il faut ainsi considérer que, face à une infraction d'une telle importance, la deuxième chance laissée à l'employeur que pourrait représenter la mise en demeure n'a pas à être offerte.

Si le Code du travail permet à l'inspecteur du travail de rédiger le procès-verbal sans mise en demeure préalable, il ne l'oblige pas pour autant à le faire. Un inspecteur du travail, qui constate un risque pesant sur des travailleurs mais qui estime que le meilleur moyen pour que ce risque disparaisse est de mettre en demeure l'employeur afin qu'il prenne les dispositions nécessaires le plus rapidement possible, peut donc faire le choix de la mise en demeure plutôt que celui du procès-verbal.

Toutefois, dans la majorité des situations présentant un risque grave et imminent pour les travailleurs, l'inspecteur du travail va pouvoir rédiger immédiatement son procès-verbal, pour le transmettre ensuite au ministère public qui appréciera les poursuites à donner à cette infraction[150]. Dans ce cas particulier, l'intermédiaire de la mise en demeure disparaît et la mise en mouvement de l'action publique peut donc succéder directement à la constatation de l'infraction par le fonctionnaire.

Face à un danger important pour la sécurité des travailleurs, l'inspecteur du travail, outre la rédaction immédiate du procès-verbal pour engager rapidement les poursuites, peut saisir le juge des référés afin que soient ordonnées toutes les mesures permettant de faire cesser le risque pesant sur les travailleurs[151]. Le juge peut ainsi obliger l'employeur à mettre hors service des machines ou dispositifs dangereux, ou encore ordonner la saisie de produits présentant un danger important. Cette saisine du

---

[150] Cf. *Supra.* sur la transmission du procès-verbal au ministère public.
[151] C trav art L4732-1.

juge des référés peut être réalisée concomitamment à la rédaction du procès-verbal, ce qui permet d'atteindre les deux objectifs gouvernant l'action de l'inspecteur du travail : la sécurité des travailleurs et la poursuite des infractions constatées au cours de sa mission de contrôle.

De manière exceptionnelle donc, la rédaction du procès-verbal par l'inspecteur du travail n'a pas à être précédée d'une mise en demeure adressée à l'employeur en faute. En revanche, quand il y a mise en demeure, les poursuites ne peuvent être engagées que dans le cas où aucune régularisation n'a été mise en place par l'auteur de l'infraction.

2. L'absence de régularisation de la situation infractionnelle

Une fois la mise en demeure adressée à l'auteur de l'infraction, l'inspecteur du travail doit laisser s'écouler le délai qu'il avait laissé à l'employeur pour régulariser sa situation, et prendre les dispositions nécessaires pour que l'infraction disparaisse. Une fois ce délai terminé, l'inspecteur du travail peut se rendre à nouveau sur place afin de vérifier si l'employeur a respecté son engagement de procéder à la mise en conformité de sa situation à la réglementation en vigueur. Si l'infraction a bel et bien disparu, la mise en demeure transmise par l'inspecteur du travail a atteint son objectif. A l'inverse, si la situation infractionnelle est toujours présente, l'inspecteur du travail peut alors rédiger son procès-verbal afin d'engager les poursuites visant l'employeur.

Afin de vérifier si l'infraction est encore présente, l'inspecteur du travail fait à nouveau application de son droit d'entrée dans les entreprises[152]. C'est en effet uniquement

---

152 C. trav. art L8113-1, Cf. *Supra.* sur les droits de visite des fonctionnaires, et notamment sur celui de l'inspecteur du travail.

par le biais de contre-visites que l'inspecteur du travail pourra vérifier si l'employeur a pris les dispositions qui s'imposaient pour faire disparaître l'infraction. Si plusieurs infractions avaient été relevées lors de la première visite et que l'inspecteur du travail constate que seule une partie d'entre elles a disparu, il peut rédiger le procès-verbal pour les infractions qui sont encore existantes au moment de la contre-visite.

Toutefois, si au cours de la contre-visite, l'inspecteur du travail se rend compte que l'infraction n'a pas encore totalement disparu, il n'est pas non plus tenu de dresser un procès-verbal. Le résultat de la mise en demeure qu'il avait adressée à l'employeur ne le lie pas quant à la suite à donner à son action. S'il estime que l'employeur a fait des efforts suffisants pour essayer de faire disparaître l'infraction, l'inspecteur du travail peut par exemple faire le choix de laisser un délai supplémentaire à celui-ci. Si la mise en demeure est obligatoire pour que des poursuites soient engagées contre l'employeur en faute, les poursuites ne sont pas obligatoires si la mise en demeure ne donne pas lieu à la régularisation espérée.

Outre l'inspecteur du travail qui dispose toujours de la liberté de rédiger ou non un procès-verbal, le ministère public reste lui aussi maître de l'opportunité des poursuites à donner aux faits. Lorsqu'il reçoit le procès-verbal des mains de l'inspection du travail, le procureur de la République apprécie souverainement la suite à donner aux faits infractionnels constatés.

Un employeur, qui ferait le choix de ne pas tenir compte d'une mise en demeure qui lui serait adressée afin qu'il se mette en conformité avec une réglementation qu'il ne respecte pas, ne serait donc pas forcément condamné pénalement par la suite. Néanmoins, l'absence de régularisation de sa part ouvre la porte à la mise en mouvement de l'action publique, et bien qu'une condamnation ne soit pas forcément à l'arrivée, la probabilité de voir l'infraction sanctionnée est tout de même très forte. On peut en effet supposer que le tri des dossiers au parquet sera moins favorable aux auteurs d'infractions qui ont eu la possibilité de les réparer mais qui n'ont pas saisi cette chance. Une mise en demeure restée sans effets a ainsi une forte probabilité d'entraîner une décision de condamnation.

Dans certaines matières spécifiques, les agents des administrations doivent prendre un acte entre la constatation de l'infraction et la mise en mouvement de l'action publique. Sans cet acte, le ministère public ne peut poursuivre. C'est également le cas dans certaines situations où le procureur de la République doit attendre une plainte de l'administration pour pouvoir saisir les juridictions répressives.

Section 2. La plainte transmise par l'administration au ministère public

La mise en mouvement de l'action publique par le procureur de la République est parfois subordonnée à une plainte de l'administration. C'est le cas en matière fiscale où l'administration fiscale doit transmettre une plainte soumise à avis (§ 1) pour engager les poursuites. La transmission de cette plainte a comme principal effet (§ 2) de redonner une certaine liberté au ministère public.

§1. La plainte de l'administration fiscale soumise à avis

L'administration fiscale est tenue de recueillir un avis conforme de la Commission des infractions fiscales (A) avant de transmettre sa plainte, permettant le déclenchement des poursuites, au ministère public (B).

A. La nécessité d'un avis conforme de la Commission des infractions fiscales

La commission, qui doit rendre un avis sur l'opportunité d'une plainte de l'administration fiscale, doit être saisie par une autorité particulière, en l'espèce le ministre chargé du budget ou son représentant (1). Une fois cette saisine opérée, la procédure qui se déroule devant cette commission est purement administrative (2), ce qui signifie notamment qu'elle n'est pas contradictoire.

1. La saisine de la commission

La commission des infractions fiscales a été créée par la loi du 29 décembre 1977[153], dans le but de limiter quelque peu le pouvoir discrétionnaire dont disposait l'administration fiscale. Avant 1977 en effet, l'administration fiscale était seule compétente pour apprécier l'opportunité des poursuites à donner à des faits qui lui étaient rapportés. Elle disposait ainsi d'une totale liberté pour transmettre ou non une plainte au ministère public, qui ne pouvait pas engager de poursuites sans cette plainte. Avec la création de la commission, le législateur a voulu limiter ce pouvoir de l'administration, en confiant à un organisme indépendant le pouvoir de donner un avis sur les poursuites auxquelles pourrait donner lieu une infraction. Désormais, l'administration fiscale ne peut transmettre sa plainte au ministère public que si la commission a donné un avis conforme.

La commission des infractions fiscales est saisie par le ministre chargé du budget ou par son délégué au sein de la direction générale des finances publiques[154]. La commission

---

[153] Cette loi a également réformé de manière importante la transaction en matière de douane et de contributions indirectes, en ajoutant un accord de principe de l'autorité judiciaire. Cf. *Infra.*

[154] LPF, art R228-1.

n'a donc aucun pouvoir d'auto-saisine, et ne peut statuer que sur les faits dont elle est saisie par le ministre. Son champ d'action est donc suspendu au pouvoir qu'a le ministre du budget de saisir ou non la commission pour des faits dont il a connaissance. Celui-ci effectue généralement une première sélection des affaires, pour ne faire parvenir à la commission que celles pour lesquelles il estime que des sanctions pénales pourraient être justifiées[155]. La décision du ministre n'est susceptible d'aucun recours, mais s'il décide de ne pas saisir la commission, il peut changer d'avis à tout moment et procéder à la saisine. A l'inverse, si la commission est saisie, le ministre ne peut se raviser.

Par ailleurs, la commission est saisie in rem, ce qui signifie qu'elle doit donner un avis sur des poursuites relatives à des faits et ne pas s'en tenir aux personnes concernées. Le fait qu'elle n'ait aucun pouvoir d'auto-saisine oblige la commission à s'en tenir aux faits pour lesquels le ministre a opéré la saisine, et cela même si elle a connaissance par un autre moyen de faits nouveaux. Le seul moyen pour que la commission rende un avis sur des faits nouveaux apparus au cours de la procédure est que le ministre saisisse de nouveau la commission pour ces éléments.

La commission doit être saisie pour avis dès lors que l'administration cherche à poursuivre une infraction prévue par l'article L228 du Livre des procédures fiscales. Ce texte vise « les sanctions pénales en matière d'impôts directs, de taxe sur la valeur ajoutée et autres taxes sur le chiffre d'affaires, de droits d'enregistrement, de taxe de publicité foncière et de droits de timbre ». Pour l'ensemble de ces infractions, la commission est saisie afin de rendre un avis sur l'opportunité d'engager des poursuites pénales à

---

155 LEPAGE (A.), MAISTRE DU CHAMBON (P.), SALOMON (R.), *Droit pénal des affaires*, Litec, 2013, 3ème éd., p. 845.

l'encontre de l'auteur de l'infraction. Cette liste est limitative, ce qui signifie que pour toute infraction n'appartenant pas à cette liste, l'avis de la commission n'est pas requis. C'est ce qu'a eu à rappeler à plusieurs reprises la Cour de cassation, que ce soit en matière de contributions indirectes[156], ou dans le cadre d'une infraction de droit commun, en l'espèce le blanchiment du produit d'une infraction fiscale[157].

Une fois la commission saisie, l'information du contribuable intervient par lettre recommandée avec avis de réception[158]. Lui sont communiqués tous les griefs qui ont motivé la saisine, afin qu'il envoie des informations qu'il estimerait utiles à l'administration. Néanmoins, cette information n'a pas lieu lorsque le ministre estime qu'il existe un risque de disparition des éléments de preuve que le contribuable pourrait posséder. Ce risque doit naître de manœuvres mises en place par le contribuable pour échapper au contrôle de l'administration fiscale[159].

En outre, il faut noter que la saisine de la commission vient suspendre la prescription de l'action publique, et ce pour une durée maximale de six mois[160] entre la saisine de la commission et la date de son avis. Cela permet d'éviter une prescription des faits de fraude fiscale, qui sont la plupart du temps difficiles à constater car particulièrement bien dissimulés. C'est aussi dans ce but que la loi du 6 décembre 2013 a allongé le délai de prescription prévu par l'article L230 du Livre des procédures fiscales, ce délai passant de trois à six ans après la commission des faits. Avec la suspension due à la saisine de la commission, les poursuites peuvent donc désormais intervenir jusqu'à six ans et six mois

---

[156] Cass. Crim. 6 janvier 1987 n°85-90631.

[157] Cass. Crim. 20 février 2008 n°07-82977.

[158] LPF, art R228-2.

[159] LPF art L228, cet article listant de manière indicative le type de manœuvres ayant pu être utilisées.

[160] LPF, art L230.

après les faits, si aucune autre cause de suspension du délai de prescription n'est intervenue.

Dès lors que la commission est saisie par le ministre chargé du budget ou son délégué, elle peut se réunir afin de rendre son avis sur l'opportunité des poursuites à donner à une infraction. Toute la procédure qui a cours devant cette commission est une procédure au caractère administratif.

2. Une procédure purement administrative

La procédure devant la commission des infractions fiscales est de nature administrative, ce qui implique que cette procédure soit totalement écrite. Le contribuable en faute n'est donc pas entendu par la commission, il peut simplement lui fournir les informations qu'il juge nécessaires. Il n'est pas admis « à présenter des observations orales par lui-même ni par mandataire »[161]. En outre, les séances de la commission ne sont pas publiques[162]. Tout comme le contribuable, l'administration fiscale n'est pas présente lors des séances de la commission. De plus, l'avis rendu par la commission à l'issue de la procédure n'est pas motivé[163].

Se pose alors la question de la protection des droits de la défense, puisque cette procédure apparaît comme n'étant nullement contradictoire. La Cour de cassation estime que la procédure devant la commission des infractions fiscales ne porte pas atteinte aux droits de la défense, dès lors que le contribuable est averti des griefs qui lui sont reprochés et invité à présenter des informations dans un délai de trente jours[164]. La chambre criminelle estime, en outre, que le

---

[161] LPF, art R228-2, al. 2.

[162] LPF, art R228-5.

[163] TREMEUR (M.), La commission des infractions fiscales, *LPA* 1995, n°153 p. 20.

[164] Cass Crim. 28 janvier 1991 n°90-81526.

principe du contradictoire n'a pas à s'appliquer devant la commission, qui ne représente pas une juridiction de première instance. Cette position sera rappelée à plusieurs reprises par la Haute Juridiction[165].

La Cour européenne des droits de l'homme a, par ailleurs, eu à vérifier la compatibilité de la procédure devant la commission des infractions fiscales à l'article 6 §1 de la Convention qui pose le droit à un procès équitable, qui comprend notamment le respect du principe du contradictoire[166]. La Cour de Strasbourg a conclu à la non violation de la Convention, estimant d'une part que le contribuable avait la possibilité de présenter des informations à la commission, et d'autre part que l'avis de la commission, bien que liant l'administration, n'empêchait pas le contribuable de disposer de la possibilité de discuter des faits devant des juridictions par la suite. Les juges européens ont ainsi repris l'argumentation qu'avait retenue la Cour de cassation, estimant que la commission n'était qu'un organe consultatif intervenant de manière préalable aux poursuites.

La jurisprudence est donc unanime sur le fait que la procédure devant la commission des infractions fiscales ne porte pas atteinte aux droits de la défense, qui pourront s'exercer de manière complète devant un tribunal indépendant et impartial une fois les poursuites engagées. La Cour de cassation a ainsi refusé de transmettre une question prioritaire de constitutionnalité sur ce point[167], estimant qu'une telle question ne présentait pas de caractère sérieux.

Si la procédure devant la commission des infractions fiscales ne porte pas atteinte aux droits de la défense, elle n'en est pas moins susceptible de recours. La question s'est

---

[165] Outre Cass. Crim. 28 janvier 1991 n°90-81526, voir Cass. Crim. 10 juillet 1997 n°96-83507 ; Cass. Crim. 7 mars 2001 n°00-82538.

[166] CEDH, 26 septembre 1996, Miailhe c/ France, n°18978/91.

[167] Cass. Crim. 9 février 2011, n°10-86072.

ainsi posée de savoir quelles étaient les juridictions compétentes pour statuer sur les recours portant sur l'avis de la commission ou encore sur la décision de saisine de celle-ci. Le Tribunal des conflits, saisi d'un conflit négatif de compétences[168], a estimé que les juridictions judiciaires étaient compétentes pour contrôler la procédure devant la commission, qui n'est pas détachable des actes nécessaires à la mise en mouvement de l'action publique[169]. La validité de la procédure devant la commission peut donc être contestée par voie d'exception devant les juridictions pénales, ce que la chambre criminelle de la Cour de cassation a fini par admettre[170].

La commission des infractions fiscales est chargée de rendre un avis sur les poursuites à donner à une infraction. La décision rendue par la commission est généralement une décision d'opportunité, résultant d'un ensemble de faits pris en considération par les membres de la commission. Il est en effet important pour la commission de ne pas laisser s'établir une jurisprudence qui l'obligerait à écarter les poursuites pour tel type de fraude, et à poursuivre telle catégorie de contribuable[171]. Dans un article paru en 2013, Mélanie Péclat estime que la commission des infractions fiscales prend en compte trois types de variables pour prendre sa décision : le montant des droits fraudés, la présence ou non d'un état de récidive administrative ou pénale et l'évidence de l'élément matériel de l'infraction[172]. Si ces trois éléments sont réunis, il y a de fortes chances que l'avis de la commission soit favorable.

---

[168] Le Conseil d'Etat et la Cour de cassation s'étant déclarés incompétents : Cass. Crim. 6 avril 1987 n°85-94313 et CE 23 avril 1986 n°65461.

[169] Trib. Confl. 19 décembre 1988, n°02548.

[170] Cass. Crim. 26 février 1990, n°89-81312.

[171] LAMBERT (T.), *Procédures fiscales*, Lextenso éd., 2013.

[172] PECLAT (M.), Le rôle des avocats de l'administration fiscale dans le procès pénal, *QP* Juillet 2013, CESDIP.

Une fois l'avis rendu, il est notifié au ministre, qui est lié par la position exprimée par la commission, et au contribuable, soit par le secrétariat de la commission si l'avis est défavorable soit par l'administration fiscale au moment de la plainte si l'avis est favorable. Si cet avis est favorable aux poursuites, l'administration fiscale va alors pouvoir transmettre une plainte au ministère public.

B. La transmission d'une plainte par l'administration fiscale

La plainte de l'administration fiscale est transmise au ministère public par le service chargé de l'assiette et du recouvrement de l'impôt (1). Cette transmission de la plainte au parquet n'empêche pas l'administration fiscale de prendre des sanctions fiscales vis-à-vis de l'auteur de la fraude (2).

1. Le dépôt de la plainte par le service chargé de l'assiette ou du recouvrement de l'impôt

Lorsque la commission des infractions fiscales rend un avis défavorable aux poursuites, l'administration fiscale est tenue par cet avis et ne peut donc transmettre de plainte au ministère public. A l'inverse, si l'avis de la commission est favorable, l'administration peut transmettre une plainte au parquet. C'est le service chargé de l'assiette ou du recouvrement de l'impôt territorialement compétent qui dépose cette plainte[173]. Néanmoins, l'administration qui reçoit un avis favorable de la commission n'est pas tenue de déposer plainte. Elle garde en effet un pouvoir d'appréciation, et peut donc librement décider que, malgré l'avis favorable émis par la commission des infractions fiscales, aucune poursuite ne sera engagée.

Le Conseil d'Etat estime en effet que la liberté dont dispose l'administration dans l'appréciation des poursuites à

---

[173] LPF, art L229.

donner à une infraction empêche les juridictions administratives d'exercer un contrôle strict de la décision de l'administration[174]. Le Conseil précise toutefois que peut être exercé un contrôle de la légalité interne de l'acte pris par l'administration, c'est-à-dire que le juge administratif doit vérifier si l'acte n'est pas entaché d'une erreur manifeste d'appréciation, d'un détournement de pouvoir ou d'une inexactitude de faits. Hors ces cas représentant une erreur importante de l'administration, le juge administratif n'est pas habilité à contrôler la décision de l'administration, qui est donc libre de ne pas engager de poursuites contre une fraude constatée.

Lorsque l'administration fait le choix de faire parvenir une plainte au ministère public, celle-ci est adressée par une lettre au procureur de la République. Elle doit contenir une description des obligations qui n'ont pas été respectées par le contribuable, qui doit entraîner une analyse des éléments constitutifs de l'infraction, et ce afin d'en attester l'existence. Cette plainte doit également contenir la qualification précise des délits que l'administration fiscale a relevés. Par ailleurs, il doit être fait mention des dates de saisine et d'avis de la commission des infractions fiscales, ce qui permettra au parquet de vérifier d'une part que la commission a bien été saisie après la date des faits, et d'autre part que la plainte est bien intervenue après que la commission ait rendu son avis favorable.

La plainte est une formalité substantielle, dont le respect est d'ordre public. La jurisprudence a donc posé depuis longtemps le fait que le juge est tenu de relever d'office l'irrecevabilité découlant de l'absence du dépôt de plainte de l'administration fiscale[175]. Par ailleurs, c'est le contenu de la

---

[174] CE 5 novembre 1980 Gaillard, n°16212.

[175] Cass. Crim. 16 janvier 1964, n°63-90263 ; Cass. Crim. 15 décembre 1987, n°87-83475.

plainte qui fixe l'étendue du pouvoir du ministère public, et si elle ne contient qu'une partie des faits pour lesquels la commission avait donné un avis favorable, le procureur de la République ne pourra engager les poursuites que s'agissant des faits contenus dans la plainte. La rédaction de cette dernière est donc d'une importance capitale dans l'exercice des poursuites.

Conformément à l'alinéa 3 de l'article 6 du Code de procédure pénale, si l'administration fiscale fait le choix de retirer sa plainte, l'action publique s'éteint. Le ministère public ne peut pas faire le choix de continuer les poursuites, puisqu'il relèverait alors du cas de nullité d'ordre public dû à l'absence de plainte de l'administration fiscale.

Pour pouvoir poursuivre une infraction fiscale relevant de l'article L228 du Livre des procédures fiscales, le ministère public est tenu de recueillir la plainte de l'administration fiscale, que celle-ci peut délivrer sur avis conforme de la commission des infractions fiscales. Mais la plainte de l'administration n'empêche pas cette dernière de prononcer des sanctions fiscales contre le contribuable auteur de la fraude.

2. Le cumul autorisé de la plainte de l'administration et des sanctions fiscales

La transmission d'une plainte par l'administration au parquet ne fait pas disparaître la possibilité qu'elle a de prononcer des sanctions fiscales à l'encontre du contribuable fraudeur. Un même individu peut donc être condamné pour les mêmes faits à une sanction pénale et à une sanction administrative, en l'espèce une sanction fiscale. A plusieurs reprises, le Conseil constitutionnel a considéré que ce cumul de sanctions pénales et administratives était conforme à la Constitution, et ne portait pas atteinte au principe selon lequel une personne ne peut pas être punie deux fois pour le même fait, c'est-à-dire le principe *non bis in idem*[176].

Les Sages considèrent ainsi que les sanctions administratives ne représentent pas le même degré de punition que les sanctions pénales, et qu'il ne s'agit donc pas de deux sanctions identiques pour le même fait. Sont en outre protégées des valeurs différentes, puisque les sanctions fiscales ont notamment pour but de compenser la perte du Trésor Public alors que les sanctions pénales ont un but principalement répressif.

Le Conseil constitutionnel a néanmoins précisé que l'administration devait respecter le principe de proportionnalité des peines consacré par l'article 8 de la Déclaration des droits de l'homme et du citoyen de 1989[177]. Le Conseil impose ainsi que « le montant global des sanctions éventuellement prononcées ne dépasse pas le montant le plus élevé de l'une des sanctions encourues ». D'un point de vue constitutionnel donc, tant que ce principe de proportionnalité des peines est respecté, l'administration fiscale peut cumuler transmission d'une plainte au parquet et sanctions fiscales.

Mais d'un point de vue européen, ce cumul pose un certain nombre de problèmes. L'article 4 du protocole additionnel n°7 à la Convention européenne des droits de l'homme consacre ainsi le principe *non bis in idem* : « nul ne peut être poursuivi ou puni pénalement par les juridictions du même Etat en raison d'une infraction pour laquelle il a déjà été acquitté ou condamné par un jugement définitif ». Le champ d'application de ce texte pose question, mais la Cour de Strasbourg après des années d'hésitation a fini par clarifier la situation dans un arrêt Zolotoukhine c/ Russie du

---

[176] Cons. Const. 28 juillet 1989 n°89-260 DC, Cons. Const. 20 juillet 2012 n°2012-266 QPC.

[177] Cons. Const. 30 décembre 1997, n°97-395 DC.

10 février 2009[178]. Dans cette décision, la Cour européenne estime que le principe *non bis in idem* doit s'appliquer non seulement aux sanctions pénales à proprement parler mais également aux sanctions administratives punissant la même infraction. La Cour vient ainsi censurer la Russie qui avait appliqué à un militaire d'abord une sanction administrative puis une sanction pénale[179].

Cette position de la Cour de Strasbourg semble menacer la position française, qui autorise le cumul de sanctions pénales et de sanctions fiscales. Mais en réalité, la Cour européenne ne peut pas condamner la France sur ce fondement, puisque la France a exprimé une réserve sur l'interprétation de l'article 4 du protocole n°7 au moment de sa ratification. Cette réserve visait à ce que l'article 4 ne s'applique que pour les infractions relevant en droit français des tribunaux statuant en matière pénale. Comme ce n'est pas le cas des sanctions fiscales, qui relèvent de la juridiction administrative, la France peut donc continuer à cumuler sanctions fiscales et sanctions pénales sans craindre une sanction européenne, ce que la Cour de cassation n'a pas manqué de faire à plusieurs reprises[180]. Il existe tout de même un risque que la Cour européenne des droits de l'homme estime que cette réserve émise par la France ne soit pas conforme à la Convention, comme elle l'a déjà fait pour une réserve plus ou moins identique émise par l'Autriche[181]. Dans un article de 2011, un auteur considère ainsi que la réserve émise par la France a de sérieux risques d'être déclarée non conforme par la Cour de Strasbourg[182], ce qui

---

[178] CEDH 10 février 2009 Zolotoukhine c/ Russie, n°14939/03.

[179] ROETS (D.), L'article 4 du protocole n°7 (*non bis in idem*) dopé par la Grande Chambre, *Rev. sc. crim.* 2009 p. 675.

[180] Cass. Crim. 7 septembre 2004, n°04-80010 ; Cass. Crim. 4 juin 1998, n°97-82904.

[181] CEDH 23 octobre 1995 Gradinger c/ Autriche, n°15963/90, § 51.

[182] STASIAK (F.), Principes de non cumul des peines et de non cumul des poursuites *ne bis in idem*, *Rev. sc. crim.* 2011, p. 118.

mettrait alors fin au cumul des sanctions fiscales et pénales basées sur une même infraction.

Face à une infraction fiscale qui lui est rapportée, l'administration fiscale peut, outre l'application de sanctions fiscales, transmettre une plainte au ministère public. Il est nécessaire pour cela qu'elle obtienne un avis conforme de la commission des infractions fiscales. Si cela est réalisé, la plainte transmise au parquet pourra produire ses effets, et le procureur de la République aura alors toute liberté pour mettre en mouvement l'action publique.

§2. Les effets de la transmission d'une plainte au ministère public

L'administration fiscale n'est pas la seule administration à pouvoir transmettre une plainte au parquet (A). Mais quelle que soit l'administration émettrice, la réception de la plainte permet au ministère public de retrouver, en partie, une libre appréciation de l'opportunité des poursuites (B).

A. La plainte d'une autre administration que l'administration fiscale

La loi impose au parquet d'attendre une plainte d'administrations autres que l'administration fiscale pour engager les poursuites visant certaines infractions. C'est le cas de celles où l'administration peut initier l'action publique, lorsqu'elles sont commises par des mineurs délinquants (1). Ce peut être également le cas d'infractions pour lesquelles c'est le ministre qui agit au nom de l'administration (2).

1. La plainte d'une administration contre un mineur délinquant

Par l'ordonnance du 2 février 1945[183], le pouvoir de l'époque a entendu accentuer la protection de l'enfance délinquante. C'est dans ce but que le texte a créé un régime spécial réservé aux mineurs, ce régime couvrant l'ensemble du champ pénal, de la poursuite des infractions jusqu'à l'exécution des peines. C'est donc vers une autonomie du droit pénal des mineurs vis-à-vis du droit pénal classique que l'on s'est dirigé à partir de 1945, le Conseil constitutionnel ayant lui-même reconnu, par la suite, cette autonomie du droit pénal des mineurs dans une décision de 2002[184].

Dans cette décision, le Conseil reconnaît un principe fondamental reconnu par les lois de la République (c'est-à-dire comme principe à valeur constitutionnelle) en matière de justice des mineurs. Ce principe implique une responsabilité pénale atténuée, une primauté de l'éducation sur la répression, une spécialisation des juridictions et une procédure juridictionnelle adaptée. Le droit pénal des mineurs implique l'existence de règles particulières, ne s'appliquant qu'aux auteurs mineurs d'infractions.

Un régime spécial a notamment été créé s'agissant des infractions poursuivies par les administrations, par l'article 37 de l'ordonnance de 1945 qui fixe ce régime dérogatoire en disposant de la manière suivante : « dans le cas d'infractions dont la poursuite est réservée d'après les lois en vigueur aux administrations publiques, le procureur de la République aura seul qualité pour exercer la poursuite sur la plainte préalable de l'administration intéressée ».

---

[183] Ordonnance n°45-174 du 2 février 1945 relative à l'enfance délinquante.

[184] Cons. Const. 29 août 2002 n°2002-461 DC.

Pour certaines infractions, les administrations peuvent ainsi exercer elles-mêmes les poursuites[185]. Mais ce principe ne vaut que pour les personnes majeures, l'ordonnance de 1945 ayant ainsi fixé un régime particulier pour les mineurs coupables de ce type d'infractions. Si un mineur commet une telle infraction, l'administration ne pourra pas engager elle-même les poursuites. Elle devra se contenter de transmettre une plainte au ministère public, qui pourra alors mettre en mouvement l'action publique.

Cette procédure ajoute donc un filtre supplémentaire, puisque l'administration ne sera pas seule à décider s'il convient d'engager ou non les poursuites. Le procureur de la République n'est en effet pas lié par la plainte qu'il reçoit de l'administration. Ce régime semble donc participer à la protection des mineurs, qui ne disposent pas du même degré d'attention que les majeurs qui peuvent pourtant avoir commis des infractions en tous points identiques.

Il est d'ailleurs nécessaire constater que cet article 37 de l'ordonnance de 1945 n'a pas été modifié par les réformes successives de ce texte, qui a été profondément remanié par les lois du 9 septembre 2002, du 9 mars 2004 ou encore du 10 août 2011. L'article 37 reste donc encore empreint de la logique du texte de 1945, dont l'exposé des motifs visait le souci « d'agir utilement et sans retard dans l'intérêt de la protection efficace de l'enfant ». C'est donc dans l'intérêt de l'enfant que l'administration est tenue de passer par le parquet pour mettre en mouvement l'action publique, même pour des infractions qu'elle est habilitée à poursuivre toute seule s'agissant des majeurs.

Si l'ordonnance de 1945 a limité le pouvoir de certaines administrations quant à la poursuite des mineurs, ce n'est pas

---

185 Cf. *Infra.* Cela concerne notamment l'administration des douanes, l'administration en charge des forêts, celle en charge de la voirie routière, ou encore celle en charge des contributions indirectes.

forcément dans le même but que la loi a permis à certains ministres de transmettre des plaintes au procureur de la République. La loi a plutôt entendu profiter de leur position, qui leur permet de s'exprimer au nom de l'administration qu'ils représentent.

2. La plainte d'un ministre au nom de l'administration

Certains textes imposent au procureur de la République qui veut poursuivre certaines infractions de recueillir de manière préalable une plainte de la part du ministre chargé de la matière dans laquelle l'infraction a été commise. C'est le cas en matière cambiaire où « la poursuite des infractions à la législation et à la réglementation des relations financières avec l'étranger ne peut être exercée que sur la plainte du ministre de l'économie et des finances »[186]. Toute infraction cambiaire ne pourra donc pas être poursuivie sans plainte du ministre de l'économie et des finances. Une plainte de ce dernier est également requise pour la poursuite des atteintes au crédit de la nation[187].

La loi du 29 juillet 1881 sur la liberté de la presse a instauré un mécanisme identique, s'agissant de la poursuite des infractions d'injure ou de diffamation envers d'une part les cours, les tribunaux, les différents corps de l'armée ou les administrations publiques, et d'autre part envers les fonctionnaires publics, et les dépositaires ou agents de l'autorité publique. Dans ces deux situations, la plainte du ministre dont relèvent les cibles de ces infractions est requise pour pouvoir engager l'action publique[188].

Ces matières particulières connaissent donc une mise en mouvement de l'action publique un peu spéciale, puisque

---

[186] C. douanes, art 458.

[187] Loi du 18 août 1936, art 3.

[188] Loi du 29 juillet 1881, art 48 §1 et 3.

sans plainte du ministre, chef de l'administration, les poursuites ne peuvent être engagées par le parquet. Néanmoins, en matière cambiaire, le Code des douanes admet que le ministre délègue ce pouvoir à « un représentant habilité à cet effet ». La Cour de cassation entend d'ailleurs largement cette plainte réalisée par un représentant habilité à cet effet. Elle a ainsi admis qu'une citation directe délivrée au prévenu à la requête du directeur général des douanes équivalait à la plainte exigée par le Code des douanes[189]. Il convient ainsi de considérer que la Cour de cassation a souhaité entendre la plainte comme une initiative, qui peut donc être réalisée par des moyens plus divers que la simple plainte[190]. La citation directe réalisée par le directeur général des douanes illustrant l'initiative du ministre des finances, en l'occurrence d'un de ses représentants habilités, elle semble donc répondre parfaitement aux exigences légales.

Le dépôt de la plainte par le ministre ou son représentant est une formalité qui doit être respectée sous peine de nullité. Ainsi, la Cour de cassation a annulé l'ensemble des actes d'instruction réalisés à propos d'un délit cambiaire après avoir constaté qu'aucune plainte n'était parvenue au procureur de la République avant que celui-ci n'ouvre une information[191]. En revanche, contrairement à la plainte de l'administration fiscale sur avis de la commission des infractions fiscales[192], la présence de la plainte n'est pas d'ordre public, ce qui a parfois conduit la Cour de cassation à rejeter des exceptions de nullité soulevées de manière trop tardive par les parties[193].

---

[189] Cass. Crim. 14 janvier 1975, n°74-91182.

[190] PANNIER (J.), La mise en mouvement de l'action publique en matière de change, *D.* 1990, p. 266.

[191] Cass. Crim. 3 janvier 1985, n°83-93690.

[192] Cf. *Supra.*

[193] Cass. Crim. 26 juin 1989, n°87-83917.

Une fois la plainte transmise au procureur de la République, c'est à ce dernier que revient le pouvoir d'apprécier les suites à donner à l'infraction.

B. L'opportunité des poursuites en partie retrouvée du ministère public

Face à une plainte qu'il reçoit de l'administration, le procureur de la République retrouve une libre appréciation de l'opportunité des poursuites, puisqu'il peut décider de donner suite ou non à la plainte (1). Mais cette liberté arrive trop tardivement pour certains auteurs, qui militent donc pour que soit supprimée l'exigence de cette plainte préalable (2).

1. La liberté de donner suite ou non à la plainte

Une fois que le parquet reçoit la plainte de l'administration, que la loi pose comme préalable indispensable à l'exercice des poursuites, le procureur de la République retrouve toute sa liberté pour apporter la réponse qu'il juge opportune à l'infraction qui a été constatée. Il peut donc librement faire le choix de classer sans suite, s'il estime qu'il ne dispose pas de suffisamment d'éléments pour mettre en mouvement l'action publique. A l'inverse, si le procureur considère que des poursuites sont justifiées, il peut faire le choix soit d'une citation directe devant le tribunal correctionnel, soit de l'ouverture d'une information judiciaire, soit d'une enquête préliminaire[194]. Le principe de l'opportunité des poursuites[195] retrouve donc toute sa vigueur une fois que le parquet est saisi de la plainte de l'administration.

---

[194] LAMARQUE (J.), NEGRIN (O.), AYRAULT (L.), *Droit fiscal général*, Litec, 2009.

[195] C. pr. pén. art 40 : le procureur de la République « apprécie la suite à donner » aux plaintes et dénonciations qu'il reçoit.

A plusieurs reprises, la Cour de cassation n'a pas manqué de rappeler que la plainte de l'administration ne liait pas le procureur de la République quant à la suite à donner à l'infraction. Elle a ainsi rejeté avec force un moyen qui remettait en cause l'appréciation faite par le magistrat du parquet de la suite à donner à une plainte. La chambre criminelle rappelle que « les juridictions répressives ne sauraient, sans excès de pouvoir, critiquer l'exercice que le procureur de la République fait de ses droits quant à l'opportunité d'engager ou non des poursuites, ces droits conservant toute leur plénitude même dans le cas où l'action publique ne peut être exercée que sur une plainte de l'administration »[196]. Cet attendu de principe ne peut pas être plus clair. Même dans le cas où une plainte préalable de l'administration est nécessaire pour que le parquet puisse mettre en mouvement l'action publique, le principe de la libre appréciation de l'opportunité des poursuites par le procureur de la République n'est pas atteint. Toute décision qui viendrait contrôler cette appréciation faite par un magistrat du parquet encourt donc la censure.

Le déclenchement des poursuites par le procureur de la République ne peut intervenir qu'une fois que le parquet a effectivement reçu la plainte émise par l'administration. Celle-ci est en effet un préalable aux poursuites, ce qui signifie que les juridictions pénales doivent s'assurer que la plainte est bien intervenue avant le déclenchement des poursuites par le procureur de la République. Une plainte postérieure à la mise en mouvement de l'action publique ne pourrait pas régulariser la procédure qui avait été déclenchée de manière irrégulière.

Par ailleurs, le procureur de la République est lié par le contenu de la plainte, ce qui signifie qu'il ne peut agir que pour les faits qui sont contenus dans la plainte. En revanche,

---

[196] Cass. Crim. 21 mai 1979, n°78-92205.

il n'est pas tenu par la qualification des faits retenue par l'administration, et peut choisir une qualification qui lui semble plus appropriée pour poursuivre les faits visés.

Mais si le ministère public peut librement prendre la décision de classer sans suite les dossiers qui lui sont transmis par l'administration, il ne le fait que très rarement. Cela s'explique par le fait que l'administration effectue un tri important de ses dossiers, et ne transmet donc une plainte au parquet que pour ceux qui sont les plus solides, et pour lesquels les poursuites semblent inévitables. Face à un dossier parfaitement préparé par l'administration, le procureur de la République n'a souvent d'autre choix que de poursuivre[197].

Cette liberté d'appréciation de l'opportunité des poursuites que le procureur de la République retrouve en recevant la plainte de l'administration ne semble être donc qu'une liberté de façade, tant dans la plupart des dossiers, le parquet n'a d'autre choix que de poursuivre. C'est ce qui pousse une partie de la doctrine à demander la suppression de cette exigence d'une plainte préalable de l'administration.

2. Une volonté doctrinale de supprimer l'exigence d'une plainte préalable

De nombreux auteurs militent depuis plusieurs années pour que la procédure de la plainte préalable de l'administration soit supprimée, et ce afin de redonner au ministère public une appréciation totale de l'opportunité des poursuites. Cela est notamment le cas en matière fiscale, où la création de la commission des infractions fiscales en 1977, censée limiter l'arbitraire de l'administration, n'a pas satisfait les observateurs, qui estiment qu'il s'agit d'une « garantie illusoire », pour reprendre l'expression de l'avocate Manon

---

[197] RICARD (T.), L'originalité de la procédure pénale en matière fiscale, *Dr. fisc.* 2007, p.57.

Sieraczek-Abitan[198]. Cette dernière estime que la procédure devant la commission des infractions fiscales porte atteinte d'une part au principe d'égalité devant la loi, protégé par l'article 6 de la Déclaration des droits de l'homme et du citoyen, et d'autre part aux droits de la défense, et notamment au principe du contradictoire[199].

Le principe d'égalité, fondateur de la République française, semble en effet atteint par cette procédure de plainte préalable, qui oblige un procureur de la République souhaitant poursuivre certaines personnes ou certaines infractions à obtenir une plainte de l'administration concernée. Dans ces domaines, certes d'une technicité importante, c'est donc l'administration qui est le premier juge de l'opportunité des poursuites, le parquet ne faisant que valider la position exprimée par l'administration. Dans un article de 1994, Rezki Ait Ihadadene ne manquait pas de relever, à propos de l'administration fiscale, que la commission n'allait pas empêcher l'administration « d'exercer librement son pouvoir discrétionnaire, et par exemple de sélectionner les dossiers »[200].

Ces critiques visant la procédure de plainte préalable de l'administration n'ont pas disparu, et dernièrement dans un article de 2013, Chantal Cutajar a livré un constat sans concession, visant à obtenir la suppression de ce qu'elle qualifie de « verrou de Bercy »[201]. Elle considère ainsi que le

---

[198] SIERACZEK-ABITAN (M.), La commission des infractions fiscales : une garantie illusoire accordée aux contribuables, *Gaz. Pal.* 2000, n°221, p.2.

[199] Cet argument du contradictoire est néanmoins écarté par les juridictions, qui estiment que les contribuables peuvent discuter les pièces devant les juridictions une fois que celles-ci sont saisies. Cf. *Supra.*

[200] AIT IHADADENE (R.), La mise en mouvement de l'action publique en matière fiscale, *Gaz. Pal.* 1994, p. 322.

[201] CUTAJAR (C.), Plaidoyer pour la suppression du verrou de Bercy, *JCP G* 2013, p. 728.

maintien de ce filtrage de l'administration « heurte de front l'idéal de justice », qui implique que toutes les infractions en état d'être poursuivies le soient effectivement. Or, avec ce mécanisme, l'administration peut opérer le tri qu'elle souhaite, sans que personne ne puisse la contrôler. Chantal Cutajar s'inquiète en outre de la tutelle que pourrait opérer l'administration fiscale sur le tout nouveau procureur financier, créé par la loi du 6 décembre 2013, qui est censé pouvoir poursuivre de manière indépendante une liste d'infractions jugées complexes prévues par l'article 705 du Code de procédure pénale. Cela peut concerner des infractions de droit commun, telle que la corruption, mais aussi des infractions spécialisées, telle que la fraude fiscale. Mais il apparaît difficile de comprendre comment ce procureur pourra agir en toute indépendance, s'il dépend des dossiers que lui transmet l'administration fiscale. Tant que ce mécanisme existe, l'action du procureur financier ne paraît pas pouvoir être efficace.

La suppression du mécanisme de la plainte préalable a également été proposée par la commission Nadal dans un rapport remis à la Garde des sceaux en novembre 2013[202]. La commission avait ainsi relevé que ce mécanisme portait une atteinte grave au principe d'égalité devant la loi, et entraînait « une opacité regrettable en matière de fraude fiscale ». Pour autant, cette proposition de la commission Nadal n'a pas, pour le moment, été retenue par la Chancellerie.

On comprend pourtant l'urgence de supprimer ce mécanisme, tant l'opportunité des poursuites a été abandonnée à l'administration en matière fiscale. Cette urgence a notamment été mise en valeur à travers l'affaire dite Cahuzac, où Monsieur Jérôme Cahuzac, alors ministre

---

[202] NADAL (J.-L.), *Refonder le ministère public*, Rapport remis à la Mme la Garde des sceaux en novembre 2013.

du budget, s'est rendu coupable de fraude fiscale. Or, pour pouvoir poursuivre pénalement de tels faits, il était nécessaire que le ministre chargé du budget saisisse la commission des infractions fiscales. Tant que Monsieur Cahuzac était en poste, c'était donc à lui que revenait la première initiative des poursuites qui pouvaient le viser. Cette affaire illustre bien le caractère profondément inégalitaire de cette procédure, que le législateur n'a pour le moment pas choisi de modifier.

Une plainte préalable, c'est un des moyens dont disposent les administrations d'Etat pour influencer sur la mise en mouvement de l'action publique avant la saisine des juridictions. Leur rôle est souvent important, s'agissant notamment de la poursuite d'infractions techniques que le ministère public aurait grand mal à poursuivre sans le soutien de fonctionnaires spécialisés dans ces matières souvent obscures pour les non-initiés. Les administrations, et leurs agents, jouent ainsi souvent le rôle d'auxiliaires du ministère public, qu'elles peuvent aider à préparer la saisine des juridictions pénales. Mais, les administrations peuvent parfois jouer également le rôle de concurrentes du ministère public, puisqu'elles disposent de pouvoirs lors de la saisine des juridictions répressives, pouvant elles-mêmes opérer cette saisine ou pouvant encore influencer sur le devenir de l'action publique une fois cette saisine réalisée.

2ème PARTIE

L'ACTION DES ADMINISTRATIONS LORS DE LA SAISINE DES JURIDICTIONS PENALES

Chapitre 1. La faculté de mettre en mouvement l'action publique

Certaines administrations peuvent mettre en mouvement l'action publique, alors que d'autres peuvent engager une action au caractère un peu particulier : l'action pour l'application des sanctions fiscales, ou action fiscale. Ces deux types d'action pouvant être engagées par les administrations sont parfois en concurrence (Section 1), et ont des modalités de poursuite qui peuvent varier (Section 2).

Section 1. La concurrence de l'action publique et de l'action fiscale

L'action publique et l'action fiscale sont des actions différentes, qui répondent à des régimes particuliers. Elles coexistent uniquement dans les domaines fiscal et douanier, où l'objectif des poursuites des prévenus est à la fois répressif et conservatoire des intérêts financiers de l'Etat. Si ces actions sont indépendantes l'une de l'autre (§ 1), elles jouissent également d'une certaine interdépendance (§ 2) qui les rapproche dans la poursuite des prévenus.

§ 1. L'indépendance des actions

Une infraction fiscale, c'est-à-dire une infraction portant atteinte aux intérêts financiers de l'Etat, ce qui inclue les infractions douanières, donne naissance à une action fiscale et une action publique, qui peuvent être exercées de manière séparée (A). Mais une fois formées, ces actions continuent à être autonomes, puisqu'elles ne produisent pas les mêmes effets (B).

A. L'exercice séparé des actions

Pour poursuivre l'auteur d'une infraction fiscale, l'administration et le ministère public ne disposent pas, en principe, des mêmes pouvoirs. L'administration peut mettre en mouvement l'action fiscale (1), alors que le ministère public va, lui, pouvoir engager l'action publique (2).

1. La mise en mouvement de l'action fiscale par l'administration

Dans le cadre de la poursuite d'une infraction fiscale, l'administration est compétente pour exercer « l'action pour l'application des sanctions fiscales »[203]. Cette action ne peut toutefois être exercée par l'administration qu'en matière douanière ou en matière de contributions indirectes. L'administration concernée exerce donc à titre principal une action visant à obtenir le prononcé de sanctions fiscales contre l'auteur de l'infraction. Elle a compétence pour décider seule de l'opportunité des poursuites[204], ce qui signifie que l'administration peut librement faire le choix de ne pas engager l'action visant le prononcé de sanctions fiscales contre l'intéressé. La seule exception à ce principe correspond au cas où le ministère public fait le choix

---

[203] C. douanes, art 343 2°).

[204] FILIPPI (P.), Les spécificités de la poursuite des infractions douanières, *AJ Pénal* 2009, p.213.

d'exercer l'action fiscale de manière accessoire à l'action pour l'application des peines[205].

Dans le cas d'une contravention qui peut être punie uniquement de sanctions fiscales, l'administration devient donc seule compétente pour engager les poursuites contre l'auteur de l'infraction, puisque seule une action fiscale peut être engagée, faute de sanctions pénales encourues. L'administration peut ainsi requérir devant les tribunaux l'application des peines d'amende ou de confiscation qui sont prévues par les textes. Le Code des douanes précise, par ailleurs, que « les condamnations pécuniaires sont prononcées pour chacune des infractions dûment établies »[206]. Cet article pose donc une exception au principe de non cumul des peines d'amende, et cela signifie donc que l'administration qui met en mouvement l'action pour l'application des sanctions fiscales pourra requérir devant le tribunal le prononcé d'une amende pour chaque infraction constatée. Cela peut représenter des sommes importantes, ce qui laisse percevoir un objectif conservatoire des intérêts financiers de l'Etat dans l'action fiscale exercée par l'administration.

L'administration des douanes, lorsqu'elle souhaite exercer l'action fiscale devant les juridictions pénales, se fait représenter par un de ses agents qui prend la qualité d'agent poursuivant. Cet agent est chargé de représenter l'administration devant les juridictions pénales, et de défendre ses intérêts lorsque l'administration engage les poursuites. Celui-ci, qui est en principe en poste au sein de l'une des directions régionales des douanes, est donc chargé d'exercer l'action fiscale, mais également l'action en paiement des droits fraudés.

---

[205] Cf. *Infra.*

[206] C. douanes art 439 §2.

Cette dernière, prévue par l'article 377 bis du Code des douanes, est également mentionnée par l'article 343 du même Code qui la qualifie d'« action en paiement des droits et taxes compromis ou éludés ». Cette action vise à permettre à l'administration de récupérer le manque à gagner occasionné par l'infraction. C'est donc une action au caractère purement civil qui vise donc simplement à compenser la perte de l'administration. L'auteur de l'infraction ne peut donc être condamné qu'à l'exact montant qu'il aurait dû verser à l'administration s'il n'avait pas fraudé[207].

Face à une infraction qui entraîne un manque à gagner pour l'administration, celle-ci peut donc, outre exercer une action civile pour récupérer ces sommes, mettre en mouvement une action fiscale pour que des sanctions à caractère fiscal soient prononcées contre l'auteur de la fraude. Dans le cas où cette infraction est importante et que des sanctions pénales sont encourues, il revient alors au ministère public la compétence exclusive pour engager l'action visant à faire prononcer ces dernières.

2. La compétence exclusive du ministère public pour l'exercice de l'action publique

Si l'administration est compétente pour exercer la seule action pour l'application des sanctions fiscales, c'est donc au ministère public que revient le pouvoir d'engager l'action pour l'application des peines[208], ou action publique. Le procureur de la République dispose d'un monopole en la matière, pour demander au tribunal de prononcer une peine d'emprisonnement. Il ne peut toutefois le faire que lorsqu'une telle peine est encourue, selon le texte d'incrimination, pour l'infraction commise par l'individu.

---

[207] Cass. Crim. 4 octobre 2000 n°99-81801.

[208] C. douanes, art 323 1°).

Mais outre la peine d'emprisonnement, l'action exercée par le ministère public peut aussi viser le prononcé de peines privatives ou restrictives de droits, telles que l'incapacité d'exercer telle profession ou activité. Cette action pour l'application des peines concerne en réalité l'ensemble des peines qui ne sont pas de nature fiscale, et qui ne sont donc pas couvertes par l'action fiscale.

Cela signifie que lorsque le ministère public n'exerce pas l'action publique, aucune sanction non fiscale ne peut être prononcée par le tribunal, saisi de la seule action exercée par l'administration[209]. L'action du ministère public est donc un prérequis indispensable au prononcé d'une peine d'emprisonnement. En outre, cette action doit être toujours en cours au moment où une juridiction rend sa décision pour que cette décision puisse comporter une peine d'emprisonnement. Ainsi, la Cour de cassation a dû censurer une cour d'appel qui avait prononcé une peine d'emprisonnement contre un individu, après avoir été saisie sur renvoi après cassation, sur le seul pouvoir de l'administration. La Haute Juridiction a dû relever un moyen d'office pour considérer que « l'absence de pourvoi du procureur général avait eu pour effet d'éteindre l'action publique »[210]. Aussi, l'action publique étant éteinte, la cour d'appel saisie sur renvoi ne pouvait plus prononcer de peine d'emprisonnement.

Le ministère public exerce l'action publique en suivant les règles de droit commun[211]. Il dispose donc du pouvoir d'appréciation de l'opportunité des poursuites, et peut ainsi faire le choix de ne pas engager l'action publique s'il ne l'estime pas nécessaire. Le procureur de la République souhaitant mettre en mouvement l'action publique a, par

---

[209] Cass. Crim. 30 mai 1994, n°93-82430.

[210] Cass. Crim. 20 décembre 2006, n°06-82124.

[211] BERR (C.-J.), TREMEAU (H.), *Le droit douanier*, *préc.*

ailleurs, à sa disposition l'ensemble des modes d'action existants : il peut donc ouvrir une information judiciaire, effectuer une citation directe devant le tribunal correctionnel ou encore convoquer l'individu par le biais d'un officier de police judiciaire.

Par ailleurs, le ministère public redevient seul compétent pour exercer tant l'action publique que l'action fiscale lorsque ce sont les douanes judiciaires qui sont intervenues[212]. En effet, l'intervention de ce service empêche l'application du Code des douanes, et donc par conséquent supprime le rôle de l'administration des douanes dans la poursuite de l'infraction.

En dehors de cette possibilité d'intervention des douanes judiciaires, l'action publique et l'action fiscale peuvent donc avoir un titulaire différent, ce qui signifie qu'elles peuvent être exercées chacune de leur côté. L'indépendance des actions se retrouve tant dans leur titularité, que dans leurs effets.

B. L'autonomie dans les effets des actions publique et fiscale

Si les actions publique et fiscale sont indépendantes, leurs effets peuvent donc se produire de manière autonome, sans que l'une n'influence l'autre. Cela implique qu'il est tout à fait possible que l'administration et le ministère public exercent tous les deux l'action dont ils ont la charge, en les mettant en mouvement de manière parallèle (1). Toutefois, ils peuvent aussi exercer leur action indépendamment de l'autre action née de l'existence de l'infraction (2).

---

[212] Sur le fondement de C. pr. pén. art 28-1.

1. Une mise en mouvement parallèle possible

Puisqu'elles sont indépendantes, l'action publique et l'action fiscale peuvent être librement déclenchées de manière parallèle, le ministère public exerçant l'action publique pendant que l'administration exerce l'action fiscale. Cela implique donc la représentation des deux entités devant la juridiction pénale, chaque partie requérant les sanctions pour lesquelles elle a la compétence.

Dans le cas où l'administration exerce l'action fiscale alors que l'infraction en cause est également sanctionnée de peines, elle prend généralement l'avis du ministère public sur l'opportunité des poursuites[213], afin de coordonner un minimum la poursuite d'une infraction identique. Cela peut s'avérer extrêmement utile dans le cas où le ministère public dispose d'éléments qui ne sont pas encore parvenus à l'administration, et qui pourraient remettre en cause l'utilité d'une action devant les juridictions pénales.

Pour autant, il n'est pas obligatoire que les actions publique et fiscale soient déclenchées de manière simultanée. Ainsi, la Cour de cassation a jugé recevable une action fiscale exercée par l'administration des douanes contre un prévenu poursuivi pour importation en contrebande de produits anabolisants et d'hormones de croissance, alors même que cet individu avait déjà été condamné pour une contravention au code de la santé publique concernant l'importation des substances vénéneuses[214]. L'administration des douanes avait donc toute liberté pour exercer l'action fiscale, alors même que l'action publique avait déjà donné lieu à une condamnation définitive, passée en force de chose jugée.

Dans cette situation, si l'action fiscale est exercée après que l'action publique ait abouti, le ministère public peut tout

---

[213] FILIPPI (P.), Les spécificités de la poursuite des infractions douanières, *préc.*

[214] Cass. Crim. 11 mars 2009, n°08-82586.

de même être présent à l'audience, même si ce n'est pas à lui de demander l'application des sanctions fiscales. Il joue alors un rôle de partie jointe à l'instance[215], et peut par exemple valablement soulever un incident contentieux au cours de l'audience, qui est un acte interruptif du délai de prescription, quand bien même il n'est pas véritablement une partie à l'instance[216].

Par ailleurs, même si les actions publique et fiscale sont exercées de manière simultanée, il est possible qu'elles n'aboutissent pas au même moment. En effet, l'administration et le ministère public sont libres d'exercer les voies de recours qu'ils souhaitent, et peuvent très bien ne pas exercer les mêmes. Ainsi, si l'administration fiscale se satisfait de la décision rendue en première instance s'agissant des sanctions fiscales, alors que le ministère public envisage de faire appel s'agissant des sanctions pénales, l'administration peut très bien laisser le ministère public faire appel seul. Dans ce cas, la juridiction d'appel ne pourra examiner les faits que s'agissant des sanctions pénales, la décision rendue s'agissant des sanctions fiscales passant, pour le coup, en force de chose jugée et devenant définitive. C'est ce qu'a décidé la Cour de cassation dans un arrêt du 16 décembre 1991 où, par un attendu de principe, elle disposait que les actions « étaient indépendantes, de sorte que la décision sur l'une peut être devenue définitive et la décision sur l'autre remise en cause par l'exercice des voies de recours »[217].

Si les actions publique et fiscale peuvent être engagées de manière parallèle par le ministère public et l'administration fiscale, cela ne porte toutefois pas atteinte à leur indépendance, puisque ces deux actions se contentent dans

---

[215] DETRAZ (S.), Un an de droit pénal fiscal et douanier (septembre 2011-août 2012), *Dr. pén.* 2012, chron. 8.
[216] Cass. Crim. 30 mai 2012, n°11-84687.
[217] Cass. Crim. 16 décembre 1991, n°91-85906.

ce cas-là de coexister l'une par rapport à l'autre. Mais cette indépendance permet également à une action d'être mise en mouvement même si l'autre n'est pas exercée.

2. Une mise en mouvement parallèle facultative

Le ministère public et l'administration fiscale disposent chacun du pouvoir d'apprécier souverainement l'opportunité des poursuites. Cela signifie que ces deux entités ont la libre possibilité de décider s'ils souhaitent engager ou non l'action dont ils ont la charge, et ce indépendamment de la décision qui est prise par l'autre entité. La Cour de cassation n'a pas manqué à plusieurs reprises de rappeler cette autonomie dans l'exercice des actions fiscale et publique, en disposant par exemple que « l'action fiscale peut être exercée indépendamment de l'action publique »[218].

Lorsqu'une infraction fiscale fait encourir à un individu des sanctions à la fois pénales et fiscales, la possibilité pour la juridiction de prononcer ces sanctions dépend donc du choix qu'auront fait, d'une part l'administration fiscale et d'autre part le ministère public, de mettre en mouvement ou non l'action qu'ils ont pouvoir pour déclencher. Si les deux ont agi, alors le juge peut prononcer les sanctions qu'il souhaite, mais si un seul a agi, il ne peut prononcer que les sanctions qui ont pu être demandées par l'entité ayant exercé l'action.

L'indépendance de ces actions fait qu'elles sont toutes les deux exercées au principal, l'action fiscale n'est donc pas à considérer comme l'accessoire de l'action publique, sauf lorsque c'est le ministère public qui la met en mouvement[219]. Mais quand l'administration met en mouvement l'action fiscale, cette dernière ne dépend pas de l'action publique et peut subsister si l'action publique est suspendue par le

---

[218] Cass. Crim. 7 mars 1996, n°94-84553.

[219] Cf. *Infra.*

ministère public après avoir été mise en mouvement. La Cour de cassation a ainsi reconnu à l'administration exerçant l'action pour l'application des sanctions fiscales la qualité de partie poursuivante[220], ce qui lui permet de disposer des mêmes prérogatives que le procureur de la République dans l'engagement des poursuites.

La Haute Juridiction a également reconnu que la qualité de partie poursuivante de l'administration pouvait s'exercer à l'encontre de l'amende douanière, qui est pourtant une sanction présentant un caractère mixte, à la fois fiscal et pénal. Mais ce caractère mixte n'oblige pas les juridictions à exiger une action tant de l'administration que du ministère public. L'action pour l'application des sanctions fiscales exercée par l'administration suffit donc aux juridictions pour prononcer une amende douanière contre l'individu[221]. La jurisprudence apparaît donc assez souple sur les possibilités offertes à l'administration dans l'exercice de poursuites contre les auteurs d'infractions.

Les actions fiscale et publique jouissent donc d'une indépendance, qui leur permet d'être exercées de manière séparée par le ministère public d'une part et l'administration fiscale d'autre part. Toutefois, cette indépendance connaît parfois des exceptions, et ces deux actions peuvent avoir une influence l'une sur l'autre, ce qui les rend également interdépendantes.

§ 2. L'interdépendance entre les actions

L'action fiscale et l'action publique, bien que possédant chacune leurs caractéristiques propres et une certaine indépendance, possèdent un objectif commun dans la poursuite des auteurs d'infractions. Cela entraîne donc l'existence de liens importants entre ces deux actions,

---

220 Cass. Crim. 22 mars 2006, n°04-87598.

221 Cass. Crim. 26 février 1990, n°87-84475.

l'action fiscale pouvant ainsi être exercée comme accessoire de l'action publique (A), mais aussi de similitudes (B), le régime de l'action fiscale étant assez proche de celui de l'action publique.

A. L'exercice de l'action fiscale comme accessoire de l'action publique

L'action fiscale peut être exercée par le ministère public, qui doit alors la mettre en mouvement de manière accessoire à l'action publique (1). Pour autant, le fait que l'action fiscale soit exercée par le parquet n'empêche pas l'administration de pouvoir intervenir à l'audience (2).

1. Le caractère accessoire de l'action fiscale exercée par le ministère public

Si c'est l'administration qui est en principe titulaire de l'action fiscale, le ministère public peut toutefois l'exercer de manière accessoire à l'action publique[222]. Pour que le procureur de la République demande l'application de sanctions fiscales, il est donc nécessaire qu'il engage avant tout l'action publique, puisqu'il n'est habilité à mettre en mouvement l'action fiscale que de manière accessoire. Ainsi, la Cour de cassation a censuré des poursuites engagées par un procureur de la République, qui n'avait engagé que l'action fiscale, puisque l'infraction commise par l'individu ne faisait encourir que des sanctions fiscales[223]. Face à une telle situation, le ministère public ne peut donc pas engager l'action fiscale, puisqu'il ne peut pas mettre en mouvement l'action publique au principal.

La jurisprudence a néanmoins admis que l'action fiscale puisse être exercée de manière accessoire à une action publique visant des délits de droit commun. Le procureur de

---

222 C. douanes, art 343, 2°) *in fine*.

223 Cass. Crim. 27 février 2002, n°01-82619.

la République peut donc légitimement saisir un juge d'instruction de délits de droit commun, et d'infractions douanières connexes, quand bien même ces dernières ne faisaient encourir à l'individu que des sanctions fiscales[224].

Pour que le ministère public puisse exercer l'action fiscale, il est donc nécessaire que l'individu mis en cause encourt une peine d'emprisonnement[225], ce qui permet au procureur de la République de mettre en mouvement de manière principale l'action publique, en demandant le prononcé de cette sanction pénale, et d'en profiter pour exercer accessoirement l'action fiscale, et demander le prononcé des sanctions fiscales.

Néanmoins, si l'action fiscale a déjà été exercée par l'administration des douanes, et qu'elle a déjà donné lieu à une décision définitive passée en force de chose jugée, que cette décision soit une relaxe ou une condamnation, le ministère public n'est plus habilité à mettre en mouvement l'action fiscale accessoirement à l'action publique. Cela représenterait en effet une violation du principe *non bis in idem*.

Cette possibilité offerte au ministère public d'exercer l'action fiscale vient décharger en partie l'administration, qui laisse une partie de son rôle de partie poursuivante au parquet. Dans de nombreuses situations en effet, le ministère public exerce l'action fiscale en même temps que l'action publique, ce qui facilite les poursuites. En outre, la jurisprudence admet un exercice implicite de l'action fiscale par le ministère public, en reconnaissant par exemple que même si le procureur de la République n'a pas requis de sanctions fiscales en première instance, l'action fiscale était

---

224 Cass. Crim. 2 avril 2008, n°08-80166.

225 JEANNARD (S.), *Les transformations de l'ordonnancement juridique douanier en France*, LGDJ, 2011.

quand même implicitement exercée, parallèlement à l'action publique[226].

La jurisprudence semble ainsi assez souple sur les conditions d'exercice de l'action fiscale par le ministère public, puisqu'elle paraît être en faveur de la jonction automatique des actions fiscale et publique lorsque le ministère public ne donne pas de précision contraire, laissant penser qu'il fait le choix de ne pas exercer l'action fiscale[227].

Lorsque l'action fiscale est exercée par le ministère public, l'administration n'a plus besoin de former une action pour que des sanctions fiscales soient prononcées. Pour autant, elle peut quand même intervenir à l'audience.

2. L'intervention de l'administration à l'audience

Même si l'action fiscale est exercée, de manière accessoire, par le ministère public, l'administration peut avoir un rôle à jouer au cours de l'audience. L'action du parquet ne fait pas disparaître le pouvoir dont disposait l'administration, qui peut donc intervenir en cours d'audience, et par exemple pour la première fois en appel. La Cour de cassation a ainsi reconnu valable une intervention de l'administration des douanes devant une juridiction de second degré, au soutien d'une action fiscale qui avait été exercée auparavant par le ministère public, celui-ci ayant fait appel pour l'ensemble des actions qu'il avait exercées en première instance[228].

Mais la Cour de cassation a également reconnu à l'administration qui n'était pas présente en première instance la possibilité de former appel contre la décision rendue par le

---

[226] Cass. Crim. 11 juillet 2012, n°11-86617.

[227] LASSERRE CAPDEVILLE (J.), Recevabilité de l'appel de l'administration des douanes, *AJ Pénal* 2013, p.48.

[228] Cass. Crim. 21 mars 1996, n°94-83620.

tribunal[229]. En l'espèce, le tribunal avait été saisi par une ordonnance de renvoi d'une infraction douanière. Or, l'administration n'était pas présente à l'audience, et aucune réquisition n'avait été prise par le procureur de la République s'agissant de l'action fiscale. Aucune sanction fiscale n'ayant été prononcée par le tribunal, l'administration fait appel du jugement. Si la cour d'appel avait jugé dans un premier temps cet appel irrecevable, la Cour de cassation vient la déjuger, en considérant que l'action fiscale avait été exercée accessoirement à l'audience de première instance, et que l'administration ayant la qualité de partie poursuivante pour cette action, elle avait la possibilité de former appel contre le jugement, et ce même si elle n'était pas présente devant le tribunal.

A partir du moment où l'action fiscale est exercée, même implicitement, par le ministère public, l'administration peut donc intervenir à tout moment au cours de la procédure pour venir au soutien de cette action fiscale, demander le prononcé de pénalités fiscales. Sa qualité de partie poursuivante lui confère donc une grande liberté s'agissant de la procédure à respecter pour intervenir au cours d'une audience pénale.

Aussi, l'administration n'est pas tenue à la règle selon laquelle une partie doit être représentée en première instance pour pouvoir former un recours contre le jugement rendu par le tribunal. Un tel argument doit en effet être déclaré irrecevable lorsqu'il vise l'administration venant au soutien de l'action fiscale[230]. L'administration fiscale possède alors un pouvoir important lorsque l'action fiscale est exercée par le ministère public accessoirement à l'action publique,

---

229 Cass. Crim. 16 juin 2011, n°10-86808, confirmée par Cass. Crim. 11 juillet 2012, n°11-86617.

230 Cass. Crim. 8 octobre 2008, n°08-81778.

puisqu'elle peut intervenir à tout moment à l'audience pour reprendre son rôle de partie poursuivante.

Si les liens entre l'action publique et l'action fiscale sont plus forts lorsque le ministère public exerce ces deux actions simultanément, ils existent aussi de manière plus générale, notamment par la présence de similitudes entre ces deux actions.

B. L'existence de similitudes entre les actions publique et fiscale

L'action publique et l'action fiscale ont un but commun, la poursuite des infractions fiscales. C'est pourquoi l'action fiscale est souvent qualifiée comme étant une action publique particulière (1). Cette conception de l'action fiscale se retrouve également dans les modes d'extinction de cette action, qui sont identiques à ceux de l'action publique (2).

1. Une action publique et une action publique particulière

La nature de l'action fiscale a parfois posé question. Il s'agit en effet d'une action exercée par la partie qui se trouve lésée dans ses intérêts suite à l'infraction, et à ce titre elle possède des points communs avec l'action civile. Mais l'action fiscale est aussi une action visant à faire prononcer des sanctions contre l'auteur de l'infraction, ce qui lui fait posséder des points communs avec l'action publique. D'ailleurs, la Cour de cassation a reconnu dans un arrêt de 1988 que l'action fiscale participait « à la fois de l'action pénale et de l'action civile »[231].

Pour autant, si l'action fiscale possède des objectifs communs avec l'action civile de droit commun, elle ne peut être considérée comme telle. Dès 1973, la Haute Juridiction

---

[231] Cass. Crim. 16 mai 1988, n°86-92354.

a ainsi précisé que l'action fiscale ne pouvait être « ni assimilée à l'action civile, ni confondue avec elle ». Elle est « en vérité une action publique de nature spéciale »[232]. Les termes sont clairs, l'action fiscale doit donc être considérée comme une action publique, qui possède certes une nature particulière qui la différencie de l'action publique de droit commun exercée par le ministère public, mais qui reste avant tout une action publique.

L'action pour l'application des sanctions fiscales étant une action publique, elle entre dans le champ d'application de l'article 1er du Code de procédure pénale qui confie l'exercice de l'action publique aux magistrats et aux fonctionnaires tenant ce pouvoir de la loi[233]. Cette action fiscale est conforme à ces critères, puisqu'elle peut être exercée tant par un fonctionnaire, des administrations fiscale ou douanière, que par un magistrat du parquet.

L'exercice de cette action publique de nature particulière traduit donc la qualité de partie poursuivante dont dispose l'administration. Elle peut ainsi être considérée, s'agissant de cette faculté, d'un ministère public spécialisé[234]. Elle dispose en effet des mêmes pouvoirs que le procureur de la République, mais uniquement pour l'application des sanctions fiscales, c'est-à-dire la matière dans laquelle elle est spécialisée. Si l'administration a donc la possibilité d'exercer une action publique de nature spéciale, elle garde toutefois la possibilité d'exercer une action de nature civile, visant à faire payer à l'auteur de l'infraction les droits fraudés[235].

---

232 Cass. Crim. 4 juillet 1973, n°72-91185, confirmée par ex. par Cass. Crim. 6 février 1997 n°94-84670.

233 FILIPPI (P.), Les spécificités de la poursuite des infractions douanières, *préc.*

234 BERR (C.-J.), TREMEAU (H.), *Le droit douanier, préc.*

235 Cf. *Supra.* sur l'action en paiement des droits fraudés prévue par les articles 377 bis et 343 C. douanes.

Si le régime des actions publique et fiscale se rapproche, cela est notamment le cas s'agissant des modes d'extinction de ces actions, qui sont les mêmes quelle que soit l'action exercée.

2. Des modes d'extinction identiques

Outre le fait qu'elles répondent toutes les deux à la qualification d'action publique, les actions fiscale et publique possèdent également des points communs s'agissant de leurs modes d'extinction. Ainsi, les modes classiques d'extinction prévus pour l'action pour l'application des peines par l'article 6 du Code de procédure pénale s'appliquent également à l'action fiscale. Ces deux actions peuvent donc s'éteindre, selon les termes de cet article, « par la mort du prévenu, la prescription, l'amnistie, l'abrogation de la loi pénale et la chose jugée ». L'alinéa 3 de l'article 6 mentionne également la transaction, qui fait partie de la spécificité de la matière fiscale et qui peut donc éteindre à la fois l'action publique et l'action fiscale[236].

Cette équivalence semblable des modes d'extinction des actions publique et fiscale trouve toutefois une exception s'agissant de la prescription. L'article 351 du Code des douanes dispose ainsi que l'action fiscale « se prescrit dans les mêmes délais et dans les mêmes conditions que l'action publique en matière de délits de droit commun ». Le délai de prescription de l'action fiscale s'agissant des délits douaniers sera donc identique au délai de droit commun, et sera donc égal à trois ans. Toutefois, cet article fixe un régime dérogatoire à la prescription de l'action fiscale s'agissant des contraventions, puisque l'action publique pour ces infractions se prescrit par un an. Or, cet article semble fixer

---

[236] Cf. *Infra.* sur l'effet extinctif de la transaction conclue par l'administration.

le délai de prescription à 3 ans tant pour les délits que pour les contraventions[237].

Les délais de prescription de l'action douanière s'alignent donc sur les délais de droit commun. Mais il en est de même pour les actes interruptifs de prescription. Récemment, la Cour de cassation a ainsi précisé qu'un acte interruptif de prescription de l'action publique stoppait également le délai de prescription de l'action fiscale[238]. Toute interruption de la prescription de l'action publique produit ainsi également ses effets sur l'action fiscale, à partir du moment où les actions sont associées[239], ce qui est assez logique étant donné que la prescription de l'action publique viendrait supprimer le caractère délictueux des faits en cause, faisant ainsi disparaître le principal fondement de l'action fiscale.

Néanmoins, tous les actes interruptifs d'une action ne valent pas nécessairement pour l'autre action. Certains actes intervenus au cours de la procédure peuvent ainsi interrompre le délai de prescription uniquement pour l'action fiscale. C'est par exemple le cas de l'avis de la commission de consultation et d'expertise douanière, qui entraîne la suspension du délai de prescription de l'action fiscale, le temps que l'avis soit notifié aux parties[240]. Mais cet avis ne semble pas suspendre le délai de prescription de l'action publique, le Code des douanes ne prévoyant que la suspension de la prescription des articles 351 et 354 de ce même code.

Si l'action fiscale se voit appliquer les modes d'extinction de l'action publique, ce n'est pas pour autant que l'extinction

---

237 CREN (R.), *Poursuites et sanctions en droit pénal douanier*, thèse Université Paris II Panthéon-Assas, 2011, p. 239.

238 Cass. Crim. 22 janvier 2014, n°12-88211.

239 ROUSSEL (G.), L'interruption de la prescription de l'action publique profite à l'action douanière, *AJ Pénal* 2014 p. 251.

240 C. douanes, art 450 §1 c).

de ces actions sera concomitante. Puisqu'il s'agit de deux actions ayant la nature d'action publique, il est tout à fait possible que l'une soit exercée seule devant les juridictions parce que l'autre est éteinte, ce qui illustre à nouveau le principe d'indépendance de ces deux actions.

L'action fiscale et l'action publique sont deux actions possédant un but commun dans la poursuite des infractions fiscales. Si elles sont indépendantes, elles disposent tout de même de liens qui peuvent entraîner un exercice commun de ces actions. Toujours est-il qu'elles sont exercées selon des modalités de poursuite précises, qui peuvent varier selon les choix faits par les parties poursuivantes.

Section 2. Les modalités de poursuite fiscale et publique

Pour poursuivre l'auteur d'une infraction technique, le ministère public doit parfois collaborer avec l'administration (§ 1), qui dispose de compétences que le parquet ne possède pas. Pour mettre en mouvement l'action publique, ces deux entités disposent de différents modes de saisine des juridictions (§ 2), dont l'utilisation peut varier selon la nature de l'infraction concernée.

§ 1. Les rapports du ministère public et des administrations dans l'exercice de l'action publique

Afin de mettre en mouvement l'action publique, le ministère public et l'administration sont amenés à coopérer (A), et cela malgré les divergences qui peuvent exister entre eux quant au fondement de l'action publique qu'ils exercent (B).

A. Une coopération entre le ministère public et l'administration

Le ministère public et l'administration peuvent exercer l'action publique soit de manière concurrente (1), avec l'apparition d'une alternative quant à l'initiative des poursuites, soit de manière conjointe (2), grâce à une collaboration entre eux. Cette distinction entre l'exercice conjoint et l'exercice concurrent de l'action publique semble pertinent en ce qu'il sépare les administrations selon l'étendue de leurs pouvoirs en la matière, certaines administrations pouvant agir seules, d'autres devant s'assurer le soutien du ministère public[241].

1. Un exercice concurrent de l'action publique

L'hypothèse d'un exercice concurrent de l'action publique vise le cas où le fonctionnaire qui reçoit de la loi le pouvoir d'engager les poursuites peut le faire de manière indépendante du ministère public. Cela signifie que l'agent de l'administration aura tout pouvoir pour faire citer devant les juridictions pénales les individus que son administration soupçonne d'avoir commis une infraction entrant dans son champ de compétence.

Les textes accordant un tel pouvoir aux fonctionnaires sont divers et variés. Ainsi, l'article L116-4 du Code de la voirie routière permet au directeur départemental de l'équipement, ou au chef du service technique intéressé, de poursuivre les infractions à la police de la conservation du domaine public routier. Ces agents de l'administration peuvent ainsi agir sans avoir recours au ministère public, puisqu'ils ont la faculté de « faire citer les prévenus et les

---

[241] Cette distinction a été reprise, entre autres sources, aux auteurs Serge Guinchard et Jacques Buisson qui la posent comme telle dans leur manuel de procédure pénale : v. GUINCHARD (S.), BUISSON (J.), *Procédure pénale*, LexisNexis 2011, 7ème éd., p. 788.

personnes civilement responsables ». Lorsque les fonctionnaires agissent conformément à cet article, le ministère public n'a donc aucun rôle à jouer dans la mise en mouvement de l'action publique.

Peuvent également agir de manière isolée les administrations des douanes et des contributions indirectes, s'agissant de l'application de sanctions fiscales[242]. Ces sanctions peuvent ainsi être requises par les agents de ces deux administrations, et sans que le ministère public n'ait à être consulté ou avisé de ces demandes.

Pour autant, cette faculté d'exercer de manière isolée l'action publique que le législateur a attribuée à certains fonctionnaires ne fait pas disparaître le pouvoir du ministère public, qui conserve sa compétence de droit commun. Le procureur de la République peut donc mettre en mouvement l'action publique, sur le fondement des dispositions du Code de procédure pénale, sous réserve du caractère accessoire lorsque c'est l'action fiscale qu'il souhaite exercer[243]. C'est ce qui fait naître la concurrence entre l'administration et le ministère public, puisque ces deux acteurs disposent d'un pouvoir identique, qu'ils peuvent exercer individuellement. Par ailleurs, quand le procureur de la République est présent à l'audience mais que c'est l'administration qui a engagé l'action publique, il peut librement requérir dans un sens contraire à celui que souhaitait l'administration en question[244]. Néanmoins, le procureur de la République est parfois absent de l'audience, notamment en matière de voirie routière, où le directeur départemental de l'équipement ou un agent délégué par lui peuvent exercer les fonctions du ministère public devant le tribunal de police lorsqu'il s'agit

---

242 MERLE (R.), VITU (A.), *Traité de droit criminel, Procédure pénale,* Cujas, 2001, 5ème éd., p. 50 et s.

243 Cf. *Supra.* sur le caractère accessoire de l'action fiscale exercée par le ministère public.

244 GUINCHARD (S.), BUISSON (J.), *Procédure pénale, préc.* p. 789.

d'une infraction à la voirie nationale[245], et en matière forestière, où le directeur régional de l'administration chargée des forêts peut également exercer les fonctions de ministère public devant le tribunal de police ou la juridiction de proximité[246].

La possibilité qu'ont reçue certains fonctionnaires d'exercer l'action publique a fait naître une concurrence entre l'administration et le ministère public quant à l'engagement des poursuites devant les juridictions. Mais cette concurrence disparaît quand le législateur a prévu un exercice conjoint de l'action publique entre le ministère public et l'administration.

2. Un exercice conjoint de l'action publique

Dans l'hypothèse où l'action publique est exercée conjointement par le ministère public et l'administration, le fonctionnaire ne peut agir seul, et doit nécessairement avoir recours au procureur de la République ou à un de ses substituts pour engager les poursuites et prendre les réquisitions à l'audience. Cela est notamment le cas en matière d'infractions douanières où l'administration ne peut pas engager l'action pour l'application des peines, et où elle doit donc faire appel au ministère public pour que cette action soit mise en mouvement[247].

Cela était également le cas en matière de pêche, où les fonctionnaires habilités par décret pouvaient exercer « conjointement avec le ministère public toutes les poursuites et actions en réparation » des infractions relatives à la pêche en eau douce[248]. Néanmoins, cette possibilité a été supprimée par l'ordonnance de 2012 portant simplification

---

245 C. voirie art L116-5.

246 C. for. art L161-22.

247 Cf. *Supra.*

248 C. envir. art L437-15 (abrogé).

des dispositions de police administrative et judiciaire du code de l'environnement[249]. Cette loi qui a créé un tronc commun s'agissant de la poursuite des infractions au code de l'environnement n'a pas entendu permettre aux administrations intervenant en matière environnementale de pouvoir continuer à agir conjointement au ministère public pour poursuivre ces infractions.

Par ailleurs, l'ordonnance du 26 janvier 2012 réformant la partie législative du code forestier a modifié les pouvoirs d'exercice de l'action publique dont dispose l'administration chargée des forêts. Avant cette réforme, l'article L153-1 du Code forestier offrait toute compétence à l'administration des forêts pour engager les poursuites en réparation des infractions au droit forestier. Le ministère public conservait son propre droit de mettre en mouvement l'action publique. On était donc dans une situation d'exercice concurrent de l'action publique. Mais l'ordonnance de 2012 a modifié ce constat en créant les articles L161-23 et L161-24 du nouveau Code forestier qui impliquent une collaboration entre le ministère public et l'administration s'agissant de l'exercice des poursuites. S'agissant des délits, le directeur régional de l'administration chargée des forêts ne peut plus engager lui-même l'action publique. Il doit transmettre la procédure au parquet avec un avis sur les poursuites à donner. S'agissant des contraventions, il peut engager l'action publique, mais il doit préalablement informer le procureur de la République qui peut s'y opposer.

Pour la poursuite des infractions forestières, on est donc passé d'un exercice concurrent à un exercice conjoint de l'action publique, qui permet de profiter des compétences de tous les acteurs lors de la mise en mouvement de l'action publique. Cette collaboration entre le ministère public et l'administration paraît en effet souhaitable, puisqu'elle

[249] Ordonnance n°2012-34 du 11 janvier 2012.

permet une prise de décision en concertation, après que chaque acteur ait pu donner un avis éclairé au regard de ses compétences.

La collaboration entre le ministère public et l'administration dans l'exercice de l'action publique semble ainsi être judicieuse et permettre une prise de décision éclairée quant à l'opportunité des poursuites à donner à l'acte. Toutefois, cette concertation ne fait pas disparaître les différences conceptuelles qui peuvent exister entre ces deux acteurs.

B. L'existence de divergences quant au fondement de l'action publique

Si le ministère public et l'administration peuvent être amenés à collaborer pour engager l'action publique, cela peut parfois être compliqué par l'appréciation différente qu'ils peuvent avoir de l'opportunité des poursuites (1), mais aussi des buts poursuivis par l'action publique (2).

1. Une appréciation différente de l'opportunité des poursuites

L'administration et le ministère public ont beau avoir chacun le pouvoir d'engager l'action publique, ils n'ont pas pour autant une approche identique de l'opportunité des poursuites. Le procureur de la République dispose de ce pouvoir de libre d'appréciation de l'opportunité des poursuites, sur le fondement de l'article 40 alinéa 1 du Code de procédure pénale qui permet au magistrat du parquet « d'apprécier la suite à donner » aux plaintes et dénonciations. Ce système de l'opportunité des poursuites présente l'avantage de permettre une justice adaptée à chaque situation particulière et une souplesse de la procédure pénale, le procureur de la République pouvant choisir le circuit lui paraissant le plus efficace pour répondre aux faits qui lui sont soumis.

Pour apprécier la suite à donner à une infraction, le ministère public dispose d'une totale latitude, sa décision de poursuite ou de classement sans suite ne pouvant être contestée. Il agit en toute liberté, puisque depuis la loi du 25 juillet 2013[250], l'article 30 du Code de procédure pénale dispose désormais que le ministre de la justice « ne peut leur [les magistrats du ministère public] adresser aucune instruction dans des affaires individuelles », ce qui met fin à la pratique des instructions individuelles que le procureur de la République pouvait recevoir de sa hiérarchie.

Cette indépendance dans l'appréciation de l'opportunité des poursuites n'est pas aussi totale quand c'est l'administration qui engage l'action publique. En effet, la loi a fixé certains domaines dans lesquels l'administration est tenue de saisir une juridiction. C'est par exemple le cas s'agissant de la saisie du juge des contraventions de grande voirie, s'agissant des atteintes au domaine public maritime[251]. Dans cette situation, l'administration se trouve donc dans une obligation de mettre en mouvement l'action publique dès lors qu'une infraction est portée à sa connaissance[252]. Elle ne peut pas décider de classer sans suite par convenance administrative.

Par ailleurs, même quand l'administration n'est pas tenue d'engager des poursuites par la loi, son pouvoir d'engager ou non les poursuites peut être soumis au contrôle de l'erreur manifeste d'appréciation par les juridictions

---

[250] Loi n°2013-669 du 25 juillet 2013 relative aux attributions du garde des sceaux et des magistrats du ministère public en matière de politique pénale et de mise en œuvre de l'action publique.

[251] CE, 23 février 1979, Ministre de l'équipement c/ Association des amis des chemins de ronde, n°04467.

[252] BREEN (E.), *Gouverner et punir*, PUF, 2003.

administratives[253]. Le Conseil d'Etat a refusé de procéder au contrôle systématique des décisions de l'administration, mais s'est tout de même réservé la possibilité d'annuler la décision de l'administration en cas d'erreur manifeste d'appréciation de sa part, c'est-à-dire en cas d'erreur grossière. L'administration doit donc, quand elle choisit la suite à donner à une infraction qui lui est rapportée, prendre la décision qui s'impose et non pas la décision qui lui convient.

Il y a donc une grande différence d'appréciation de l'opportunité des poursuites entre le ministère public, qui peut prendre sa décision en toute liberté, et l'administration, qui doit prendre la décision la plus adaptée pour s'éviter une censure des juridictions administratives. L'opportunité des poursuites paraît donc nettement plus limitée lorsqu'elle se trouve dans les mains des administrations.

Si le procureur de la République et le fonctionnaire ne peuvent apprécier de la même façon l'opportunité des poursuites à donner à un fait, ils ont également une conception différente de l'action publique, ne poursuivant pas nécessairement des buts identiques dans l'engagement des poursuites.

2. Une appréciation différente des buts poursuivis

L'exercice de l'action publique peut donc être partagé entre le ministère public et l'administration. Pour autant, le procureur de la République et le fonctionnaire ne perçoivent pas l'action publique de la même manière, et ont des objectifs distincts au moment de la mettre en mouvement.

Le procureur de la République exerce l'action publique et requiert l'application de la loi[254]. Puisqu'il représente les intérêts de la société, il est chargé de demander l'application

[253] CE, 5 novembre 1980, Gaillard, n°16212.

[254] C. pr. pén, art 31.

de sanctions contre les individus ayant commis des infractions. Son but final est donc de permettre aux juridictions pénales de prononcer une peine contre l'individu, afin de sanctionner celui-ci pour la violation de la loi qu'il a commise. Ainsi, l'action publique exercée par le ministère public a essentiellement une fin sanctionnatrice.

De son côté, lorsqu'il souhaite engager les poursuites, le fonctionnaire ne cherche pas uniquement à faire sanctionner l'individu ayant commis l'infraction. Si cet objectif punitif est toujours présent, c'est d'ailleurs ce qui fonde l'action publique, il est doublé d'un second but qui est d'obtenir la réparation des dommages causés aux intérêts de l'administration. Cette fin réparatrice que comporte l'action publique exercée par les fonctionnaires confère un caractère « spécial » à cette action[255].

L'administration a en vue, outre la punition infligée aux auteurs de l'infraction, la possibilité de compenser les pertes, notamment financières, que l'existence de cette infraction a pu engendrer. Cet objectif trouve notamment une illustration dans le caractère fiscal des poursuites engagées par les administrations des douanes et des impôts.

Cette particularité se retrouve également dans la possibilité qu'ont les administrations de transiger avec l'auteur de l'infraction[256]. Le législateur a ainsi entendu faciliter la possibilité pour une administration de récupérer une contrepartie à l'infraction, quitte à ce qu'elle fasse elle-même des concessions quant à l'aspect punitif de l'action publique. Pour l'administration, le but premier de l'action publique semble donc être davantage la réparation du dommage qu'elle a subi que l'application des sanctions prévues par la loi pour l'infraction commise par l'individu.

---

[255] GUINCHARD (S.), BUISSON (J.), *Procédure pénale, préc.* p. 788.

[256] Cf. *Infra.*

Si le ministère public agit uniquement dans l'intérêt général lorsqu'il met en mouvement l'action publique, l'administration prend, elle, également en compte son intérêt patrimonial, qu'elle met en balance avec l'intérêt général, et qu'elle peut parfois privilégier par rapport à celui-ci. Les finalités de l'action publique ne sont pas forcément les mêmes selon l'acteur ayant l'initiative des poursuites.

L'action publique pouvant être engagée soit par le ministère public soit par l'administration, ces acteurs disposent de modes de saisine des juridictions variés, afin de pouvoir répondre à la spécificité de chaque dossier.

§ 2. Les différents modes de saisine des juridictions pénales

Le ministère public et l'administration peuvent utiliser des modes classiques pour saisir les juridictions pénales (A), mais l'administration a aussi à sa disposition des modes particuliers de saisine (B).

A. Les modes classiques de saisine des juridictions pénales

Une fois l'infraction avérée, le mode le plus traditionnel pour engager les poursuites est de citer directement l'individu devant les juridictions (1). Mais les autres modes classiques énumérés par le Code de procédure pénale peuvent aussi être utilisés s'agissant des infractions techniques (2).

1. La citation directe

Comme le précise le Code de procédure pénale, « la citation est délivrée à la requête du ministère public, de la partie civile ou de toute administration qui y est légalement habilitée »[257]. Au regard de ce texte, la citation directe peut donc être indifféremment utilisée par le ministère public ou par l'administration, quand ceux-ci ont le pouvoir de mettre en mouvement l'action publique. La citation est un acte délivré par un huissier de justice à l'individu que ces acteurs souhaitent déférer devant les juridictions pénales. Son contenu est strictement défini par le Code de procédure pénale, la citation devant ainsi comporter le fait poursuivi, le texte de loi le réprimant, le tribunal saisi, le lieu, l'heure et la date de l'audience. Ces informations doivent être présentes sous peine de nullité[258].

Si une telle citation est délivrée par un huissier lorsque c'est le ministère public qui en fait la requête, les agents de l'administration peuvent se charger de cette citation lorsqu'ils sont compétents pour engager les poursuites[259]. Les fonctionnaires disposent toutefois d'une liberté s'agissant du moyen de citer les prévenus devant les juridictions, puisqu'ils peuvent également, s'ils le souhaitent, faire appel à un huissier pour délivrer l'acte.

Pour déterminer l'étendue de la saisine du juge pénal, il convient de se référer à l'acte de citation ainsi qu'aux procès-verbaux qui y sont joints, quand c'est l'administration qui agit[260]. Néanmoins, ces procès-verbaux ne peuvent que préciser l'objet de la citation, mais nullement en étendre la portée, en mentionnant des faits qui n'avaient été inclus dans la citation[261]. C'est donc bien l'acte de citation qui sert de

---

[257] C. pr. pén. art 551.

[258] Cass. Crim. 7 mai 1996 n°95-82637 (erreur sur le lieu de l'audience), Cass. Crim. 3 septembre 2008 n°08-82434 (erreur sur la date de l'audience).

[259] Cass. Crim. 11 janvier 2006, n°05-80859.

[260] MATSOPOULOU (H.), Les limites de l'étendue de la saisine du juge pénal en matière douanière sont fixées par la citation et les procès-verbaux joints à celle-ci, *Rev. sc. crim.* 2006, p. 618.

[261] Cass. Crim. 9 mars 2005, n°04-81597.

base pour déterminer l'étendue de la saisine des juridictions, l'administration doit donc être vigilante au moment de citer l'individu, puisqu'elle ne pourra pas se servir de procès-verbaux pour étendre la saisine sur des faits qu'elle aurait oubliés dans la citation.

La citation directe paraît donc être le mode le plus simple pour saisir les juridictions pénales. Néanmoins, pour pouvoir en faire usage, il est nécessaire que l'administration ou le ministère public dispose d'éléments de preuve indiscutables, et qu'ils soient en mesure de déterminer parfaitement l'étendue et la qualification des infractions. En effet, une fois la citation délivrée, ils ne peuvent plus intervenir pour corriger d'éventuelles erreurs. Une citation délivrée trop rapidement par le ministère public ou par l'agent d'une administration pourrait donc entraîner l'extinction de poursuites qui auraient pu aboutir si ces erreurs n'avaient pas été réalisées.

Si l'administration ou le ministère public préfèrent ne pas citer directement le prévenu devant les juridictions pénales, ils disposent d'autres modes de saisine.

2. Les autres modes classiques

La citation directe n'est pas le seul moyen pour le ministère public ou l'administration de mettre en mouvement l'action publique s'agissant des infractions techniques pour lesquels ils collaborent dans l'engagement des poursuites. Une telle infraction peut ainsi donner lieu à l'ouverture d'une information judiciaire, pour laquelle le ministère public saisit un juge d'instruction. L'initiative de cette information judiciaire peut d'ailleurs être le fait d'une administration, notamment l'administration des douanes, par le biais d'un acte introductif d'instance fiscale[262].

---

[262] Cf. *Infra.*

Mais les autres procédés utilisés classiquement par le procureur de la République pour saisir les juridictions pénales peuvent également être engagés. L'article 342 du Code des douanes dispose ainsi, s'agissant des infractions douanières, que celles-ci « peuvent être poursuivies et prouvées par toutes les voies de droit ». L'ensemble des modes de saisine semble donc pouvoir être utilisé s'agissant des infractions douanières, ce qu'a par exemple validé la Cour de cassation à propos de la comparution immédiate[263]. Dans ce même arrêt, la Haute Juridiction précise toutefois que ces modes de saisine ne peuvent être utilisés que par le ministère public, comme cela est le cas pour les infractions dont le procureur de la République est seul responsable de la poursuite.

Le ministère public peut ainsi faire usage de l'ensemble des modes de saisine qu'il a à sa disposition pour poursuivre les auteurs d'infractions techniques. L'engagement des poursuites peut alors résulter d'un accord entre le ministère public et l'administration, qui peuvent déterminer quelle voie semble être la plus appropriée pour s'assurer d'une part que les juridictions seront bien saisies, et d'autre part que le prévenu sera bien informé des charges qui pèsent contre lui. Celui-ci peut ainsi être convoqué soit par procès-verbal[264], soit par convocation délivrée par un officier de police judiciaire[265].

Au moment de mettre en mouvement l'action publique, le ministère public dispose donc des modes classiques de saisine des juridictions pénales pour engager les poursuites. Si certains de ces modes peuvent être utilisés par l'administration, cette dernière a à sa disposition des modes de saisine particuliers qu'elle est la seule à pouvoir utiliser.

---

[263] Cass. Crim. 8 avril 1999, n°98-84889.
[264] C. pr. pén. art 393.
[265] C. pr. pén art 390-1.

B. Les modes spéciaux de saisine des juridictions pénales

Si l'administration peut utiliser les modes classiques de saisine des juridictions répressives pour mettre en mouvement l'action publique, elle dispose également de procédés qui lui sont propres, et qui concernent notamment la matière fiscale. Tel est le cas de la remise à parquet (1), qui peut être utilisée uniquement par l'administration des douanes, et de l'acte introductif d'instance fiscale (2).

1. La remise à parquet

Lorsque les agents des douanes l'estiment nécessaire dans le cadre de l'enquête douanière, ils peuvent faire le choix de placer une personne soupçonnée d'avoir commis une infraction douanière en retenue douanière[266]. Cette procédure, qui ressemble à la garde à vue, leur permet de retenir pendant une durée maximale de 24 heures la personne concernée. A l'issue de ce délai, le Code des douanes prévoit que « les prévenus capturés sont traduits devant ce magistrat [le procureur de la République] »[267]. Sont en même temps remis au ministère public les procès-verbaux constatant les délits de douane.

C'est ce que l'on appelle la remise à parquet, qui consiste, pour les agents des douanes, dans la transmission du dossier à un magistrat du ministère public, qui en devient le titulaire. La remise à parquet fait ainsi basculer la procédure douanière dans une procédure judiciaire, le procureur de la République ayant le choix soit d'engager immédiatement les poursuites s'il estime les conditions réunies, soit de diligenter une nouvelle enquête, de police judiciaire cette fois, pour

---

266 Cf. *Supra.* sur la retenue d'une personne par l'administration des douanes.

267 C. douanes, art 333.

réunir de nouveaux éléments. Cette enquête peut très bien être confiée au service des douanes judiciaires[268].

En réalité, l'initiative de la remise à parquet est à mettre au compte du procureur de la République, puisque celui-ci dispose d'un droit de contrôle sur la procédure de retenue douanière. A l'issue de cette dernière, c'est donc lui qui estime si les agents des douanes doivent libérer la personne ou doivent pratiquer cette « remise à parquet » afin de pouvoir engager les poursuites.

Cette remise à parquet permet à l'administration des douanes de réaliser une sorte de déferrement, en traduisant devant le ministère public les individus ayant commis soit une infraction douanière d'une gravité importante, soit une infraction douanière connexe à un délit de droit commun, la remise à parquet permettant alors de joindre les poursuites douanière et de droit commun.

La remise à parquet permet donc à l'administration des douanes de pouvoir prendre un acte ressemblant au déferrement de droit commun. De la même manière, l'acte introductif d'instance fiscale ouvre des droits importants à l'administration.

2. L'acte introductif d'instance fiscale

L'acte introductif d'instance fiscale peut être considéré comme une sorte de dépôt de plainte avec constitution de partie civile[269]. En réalité, cet acte est celui par lequel l'administration saisit le ministère public afin d'obtenir l'ouverture soit d'une information judiciaire soit d'une enquête préliminaire, pour des infractions fiscales pour lesquelles l'administration n'a pas pu établir une preuve complète.

---

[268] FILIPPI (P.), Les spécificités de la poursuite des infractions douanières, *préc.*

[269] BERR (C.-J.), TREMEAU (H.), *Le droit douanier, préc.*

Lorsque l'administration prend un acte introductif d'instance fiscale, elle manifeste par ailleurs sa volonté de mettre en mouvement l'action fiscale, mais sollicite l'aide du ministère public pour pouvoir obtenir davantage d'éléments intervenant au soutien de son action. Cet acte est le seul moyen pour l'administration d'agir devant les juridictions d'instruction, mais pour autant le ministère public n'est pas lié par la demande de l'administration. Il demeure libre d'apprécier librement l'opportunité et les modalités de la poursuite, et peut très bien faire le choix de citer directement les individus devant le tribunal correctionnel plutôt que d'ouvrir une information judiciaire comme le sollicitait l'administration[270]. C'est d'ailleurs ce qui distingue l'acte introductif d'instance fiscale de la plainte avec constitution de partie civile.

Si le ministère public fait le choix de ne pas donner suite à l'acte introductif d'instance fiscale, l'administration reste libre de mettre en mouvement l'action fiscale si elle le souhaite, conformément au principe d'indépendance des actions publique et fiscale[271].

A l'inverse, lorsque le procureur de la République fait droit à la demande de l'administration, celle-ci dispose des droits d'une partie poursuivante, et elle peut donc faire appel des ordonnances du juge d'instruction, dans la limite des pouvoirs du ministère public, les pouvoirs de l'administration ne pouvant outrepasser ceux du parquet. Elle doit ainsi agir dans les mêmes délais que le ministère public[272]. L'administration ne dispose toutefois pas de la possibilité de faire appel contre les ordonnances de

---

[270] Cass. Crim. 28 février 2007, n°06-84266.

[271] Cf. *Supra.*

[272] Cass. Crim. 19 février 1990, n°89-82926.

placement en détention provisoire ou en contrôle judiciaire[273].

L'administration dispose de procédés divers et variés afin de mettre en mouvement l'action publique, que ce soit de manière indépendante du ministère public, ou en collaboration avec ce dernier. S'agissant d'infractions techniques telles que les infractions fiscales, le rôle de l'administration est primordial dans l'engagement des poursuites, puisque la spécialisation des fonctionnaires permet au ministère public d'avoir un regard plus clair sur les infractions à poursuivre. Mais si elle peut mettre en mouvement l'action publique, l'administration a aussi la possibilité de l'enrayer, par le biais de la conclusion d'une transaction.

[273] Cass. Crim. 7 octobre 2003, n°03-84349.

Chapitre 2. La possibilité d'enrayer l'action publique

Contrairement au ministère public, l'administration a la possibilité de disposer de l'action publique, et notamment d'y mettre fin par le biais de la conclusion d'une transaction avec l'auteur de l'infraction (Section 1). Toutefois, l'attribution de ce pouvoir important aux agents de l'administration nécessitait la mise en place d'un garde-fou, ce que le législateur a prévu en instaurant un contrôle de l'autorité judiciaire sur les transactions conclues par l'administration (Section 2).

Section 1. La conclusion d'une transaction par l'administration

La transaction pénale est issue d'un accord entre l'administration et l'auteur de l'infraction (§ 1). Cet accord est d'importance, puisqu'il produit des effets (§ 2), qui vont décider du devenir des poursuites pénales pouvant viser l'auteur de l'infraction.

§ 1. Un accord entre l'auteur de l'infraction et l'administration

La transaction étant un accord de volontés entre l'administration et l'auteur de l'infraction, elle dispose à certains titres d'un caractère contractuel (A). Néanmoins, si la transaction peut être qualifiée de contrat, c'est sous la réserve de certaines particularités propres à cet accord (B).

A. Le caractère contractuel de la transaction

Attribuer à la transaction la qualification de contrat paraît, de prime abord, assez logique, puisqu'elle naît de la rencontre entre une offre de transaction émanant de l'administration (1), et l'acceptation de cette offre par l'auteur de l'infraction (2).

1. Une offre de transaction émanant de l'administration

La transaction est en principe initiée par l'administration. Néanmoins, toute administration n'est pas compétente pour pouvoir transiger avec l'auteur d'une infraction. Il faut pour cela que la loi prévoit cette faculté de transaction, ce qui est le cas par exemple pour l'administration des douanes[274], pour l'administration chargée des forêts[275] ou encore pour l'autorité administrative chargée de la concurrence et de la consommation[276], cette liste n'étant pas limitative. En revanche, une transaction qui serait conclue par une administration n'ayant pas la faculté de transiger ne pourrait produire aucun effet sur l'action publique.

L'administration ayant toute compétence pour initier un règlement transactionnel si elle le souhaite, elle n'est nullement tenue de se plier à la demande d'un individu ayant commis une infraction et qui souhaite transiger. Ce n'est pas à l'auteur de l'infraction de proposer un règlement transactionnel du litige à l'administration[277].

---

[274] C. douanes, art 350.
[275] C. for., art L161-25.
[276] C. conso. art L141-2.
[277] Cass. Crim. 8 janvier 1974, n°72-92457.

Lorsqu'une administration, compétente pour transiger, envisage de proposer une transaction à l'auteur d'une infraction, elle doit faire parvenir une offre à celui-ci. Cette offre peut se matérialiser par une somme chiffrée que l'administration propose à l'auteur de l'infraction de régler pour mettre fin aux poursuites[278]. Cette somme doit être inférieure à celle que pourrait devoir payer l'auteur de l'infraction si les poursuites étaient engagées, puisque la transaction doit être caractérisée par des concessions réciproques entre l'administration et l'auteur de l'infraction. Du côté de l'administration, ces concessions se trouvent donc dans le montant de la somme que l'individu pourra payer.

Cette offre de transaction est considérée comme étant rattachée à la procédure répressive, et à ce titre le juge administratif refuse de la contrôler[279]. Pour autant, la Cour de cassation a considéré que l'offre de transaction ne pouvait être traitée comme un acte de poursuite ou d'instruction, et qu'à ce titre elle n'interrompait pas la prescription de l'action publique[280]. L'offre de transaction doit donc être considérée comme une simple proposition de la part de l'administration, qui est insusceptible de recours.

Pour que l'offre de transaction puisse prendre réellement corps, il est nécessaire qu'elle soit acceptée de la part de l'auteur de l'infraction. C'est ce qui donnera naissance à la convention entre ces deux parties.

---

278 REDON (M.), V° Transaction, Répertoire pénal Dalloz.
279 CE, 6 mai 1949, Sesmat.
280 Cass. Crim. 9 janvier 1958.

2. L'acceptation de la convention par l'auteur de l'infraction

C'est l'acceptation de l'offre de l'administration par l'auteur de l'infraction qui donne naissance à la transaction pénale. L'intéressé doit alors avoir pris connaissance des propositions que l'administration lui a faites, et considérer que ces propositions sont suffisantes pour qu'il fasse à son tour des concessions, en renonçant à un règlement juridictionnel de son litige, c'est-à-dire au droit qu'il a d'avoir accès à un juge[281].

Le contrat de transaction, qu'il convient de qualifier ainsi une fois les volontés des deux parties échangées, répond aux conditions posées par le Code civil, et notamment par l'article 2044 qui impose que ce contrat « soit rédigé par écrit ». Une fois l'accord de l'auteur de l'infraction validé, il est donc nécessaire de le formaliser dans un acte écrit.

L'accord de l'intéressé porte notamment sur la somme qu'il sera contraint de payer. Cette somme peut être qualifiée d'amende transactionnelle, et ne doit en aucun cas être assimilée à une peine, dont le prononcé nécessiterait l'intervention d'un juge indépendant et impartial[282].

La transaction est librement acceptée par l'auteur de l'infraction, et c'est ce qui la rend particulière au sein de la procédure pénale française. L'intéressé ne donne en effet son accord que face à la certitude du sort qui lui sera réservé une fois la transaction appliquée. En cela, la transaction se distingue de la comparution sur reconnaissance préalable de culpabilité où l'individu accepte certes le fait de subir une sanction pour des faits qu'il reconnaît, mais ne donne pas son avis sur la peine qui lui sera appliquée. La transaction est

---

[281] PERRIER (J.-B.), *La transaction en matière pénale*, thèse Univ. Aix-Marseille, 2012, p. 198.

[282] DOBKINE (M.), La transaction en matière pénale, *D.* 1994, p. 137.

donc le seul procédé que l'intéressé peut refuser si la proposition faite par l'administration ne lui convient pas.

Un tel refus se fait toutefois à ses risques et périls, puisque dans ce cas, l'administration pourra mettre en œuvre ce qu'elle avait prévu initialement, c'est-à-dire mettre en mouvement l'action publique et engager les poursuites contre celui qu'elle considère comme l'auteur d'une infraction.

L'acceptation de la transaction n'emporte en principe aucune reconnaissance des faits par l'intéressé. Elle n'est exigée par aucun texte sur la transaction pénale. Pour autant, cette reconnaissance des faits est une conséquence de l'existence de la transaction, dans laquelle l'administration cherche à sanctionner un comportement, et qui n'a de sens que si la matérialité des faits est reconnue par les parties[283]. La chambre criminelle a ainsi validé le fait que la transaction valablement conclue puis exécutée valait reconnaissance de l'infraction[284].

L'acceptation de l'offre de l'administration par l'auteur d'une infraction donne naissance à un contrat, qui doit en tant que tel respecter les règles de droit civil. Néanmoins, ce contrat de transaction présente de nombreuses spécificités qui en font un contrat très particulier.

B. Un contrat aux contours très particuliers

La transaction a beau avoir les caractères d'un contrat, son régime n'en reste pas moins très particulier. Ainsi, il est caractérisé par une inégalité entre ses parties (1), mais aussi par un but original, la transaction étant utilisée par l'administration comme une « mesure d'indulgence » (2).

---

[283] PERRIER (J.-B.), *La transaction en matière pénale*, *préc.* p. 197.
[284] Cass. Crim. 10 décembre 1984, n°83-94677.

1. L'inégalité des parties à la transaction

Par essence, les parties à un contrat sont placées dans une situation identique, puisque c'est la rencontre de leurs volontés éclairées qui forme la convention. Mais dans la transaction, cette égalité entre les parties n'est pas réelle. En effet, l'administration se situe en position de force au moment où elle propose la transaction à l'auteur d'une infraction, puisque ce dernier a, par principe, quelque chose à se reprocher. Le fait d'avoir commis une infraction risque donc de le pousser à accepter plus facilement les propositions qui lui seront faites par l'administration, afin d'obtenir un traitement plus rapide du litige qui aurait pu naître de ses actes.

L'infériorité de l'auteur de l'infraction par rapport à l'administration se retrouve également dans le fait qu'il n'a pas la faculté de pouvoir discuter le contenu de la transaction. Face à l'offre qui lui est faite, l'individu n'a ainsi que la possibilité d'accepter ou de refuser la proposition, il ne peut pas négocier le montant qu'on lui propose de payer.

Ce procédé rappelle le contrat d'adhésion, qui consiste pour un particulier à se contenter d'apposer sa signature sur un contrat qui a été préalablement rédigé par une entité tierce. Cela est très fréquent, par exemple dans les assurances, et le législateur a créé plusieurs mécanismes visant à protéger les individus dans ce genre de situations. Pour autant, le contrat de transaction ne connaît pas toutes ces protections, ce qui s'explique par la nature particulière de celui qui contracte avec l'administration : l'auteur d'une infraction[285].

Si la transaction emprunte donc certaines caractéristiques au contrat d'adhésion, notamment en ce que les parties qui la

---

[285] GHERARDI (E.), Réflexions sur la nature juridique des transactions pénales, *RFD adm.* 1999, p. 905.

concluent ne sont pas placées dans une situation d'égalité quant au choix de son contenu, elle reste caractérisée par des concessions réciproques devant être admises tant par l'administration que par l'auteur de l'infraction. La position de force dans laquelle est placée l'administration au moment de proposer une transaction ne doit pas être assimilée à une toute-puissance de sa part, puisque le concept de transaction implique qu'elle admette également certaines concessions.

Ainsi, au moment où elle formule sa proposition de transaction, l'administration doit bien avoir cette nécessité de concessions réciproques à l'esprit, et elle ne doit pas accabler l'individu sous une proposition dans laquelle il n'aurait rien à gagner. Dans ce but, certains textes ont imposé à l'administration un montant maximal à ne pas dépasser au moment de fixer l'amende transactionnelle, prévoyant par exemple un maximum équivalant au « tiers du montant de l'amende encourue »[286]. Une telle disposition cherche à essayer de limiter la position dominante de l'administration en lui imposant des concessions importantes, que l'auteur de l'infraction n'est pas en position de lui demander.

La transaction a beau emprunter certains traits au contrat d'adhésion, elle n'en reste pas moins le fruit de concessions des deux parties, et peut à ce titre être considérée comme une mesure d'indulgence de la part de l'administration.

2. L'utilisation de la transaction comme « mesure d'indulgence »

L'administration dispose d'une totale liberté pour déterminer les individus à qui elle souhaite proposer une transaction. Les textes ne fixent ainsi aucun critère, et il revient donc aux agents de l'administration l'entier pouvoir d'apprécier les situations dans lesquelles un traitement transactionnel du litige pourrait être intéressant tant pour

[286] C. for. art L161-25.

l'administration que pour l'auteur de l'infraction. Cela peut donc varier selon la gravité et les circonstances de l'infraction, même si en matière douanière, on a coutume de considérer que les récidivistes, les entrepreneurs de fraude ou les repris de justice n'ont aucun espoir de pouvoir bénéficier d'une transaction[287].

La conclusion d'une transaction entre l'administration et l'auteur d'une infraction doit donc être perçue comme un privilège accordé à ce dernier, l'administration lui offrant la chance de pouvoir éviter le passage devant un tribunal pénal. C'est en quelque sorte une « seconde chance » accordée à l'individu par l'administration, qui peut ainsi chercher à le responsabiliser[288]. La conclusion d'une transaction donnerait ainsi le sentiment à l'auteur de l'infraction d'avoir participé au règlement de son litige, ce qui pourrait favoriser une prise de conscience chez lui, et éviter de sa part une réitération des faits.

L'individu serait en outre plus enclin à accepter l'amende prévue par la transaction[289] puisqu'il aurait la sensation d'avoir participé à la détermination de cette sanction. Cette acceptation vient aussi du fait que la transaction entraîne par voie de conséquence la reconnaissance des faits par l'individu[290].

Par ailleurs, la transaction, si elle peut être perçue comme une réponse édulcorée de la part de l'administration, a l'avantage de rester une réponse apportée à la commission d'une infraction. A l'inverse du classement sans suite, elle ne laisse pas l'infraction sans réponse, et limite donc le sentiment d'impunité qui peut naître chez certains individus ayant vu leurs actes être classés sans suite par le procureur de

---

287 BERR (C.-J.), TREMEAU (H.), *Le droit douanier, préc.*
288 PERRIER (J.-B.), *La transaction en matière pénale, préc. p. 30.*
289 *Ibid.*
290 Cf. *Supra.*

la République. Elle semble donc être une alternative crédible entre l'engagement des poursuites et le classement sans suite.

Dans une circulaire de 1989, le ministère de l'économie définissait la transaction, ici en matière de pêche maritime, de la manière suivante : « il s'agit d'une mesure d'indulgence à l'égard des auteurs d'infractions, prise au regard de leur personnalité et du degré de gravité de la faute commise. A cette souplesse de la répression s'ajoutent les avantages suivants, sa rapidité et, partant, son efficacité plus grande dans la plupart des cas »[291]. On perçoit bien ainsi les avantages que l'administration peut trouver dans la transaction, outre le privilège qu'elle peut accorder à certains individus. La transaction est ainsi un mode de gestion de l'action publique, qui est très efficace en ce qu'il permet d'économiser des moyens importants mais également du temps[292].

Le développement de la transaction a d'ailleurs été proposé à plusieurs reprises dans des rapports remis à la Garde des sceaux, dès 2008 dans un rapport remis par Monsieur Guinchard, qui préconisait l'étendue de la transaction au droit pénal de l'urbanisme[293], et plus récemment en novembre 2013 dans un rapport remis par Monsieur Nadal qui demande un développement « du

---

[291] Circulaire du 2 août 1989 du ministère de l'Economie relative aux transactions sur la poursuite des infractions en matière de pêche maritime (JO du 10 août 1989, p. 10089).

[292] DOBKINE (M.), La transaction en matière pénale, *préc.*

[293] GUINCHARD (S.), *L'ambition raisonnée d'une justice apaisée*, Rapport remis à Mme la Garde des sceaux en août 2008, Proposition n°57 visant l'introduction de la transaction en droit pénal de l'urbanisme

recours à la transaction dans certains contentieux techniques »[294].

Si la transaction, issue d'un accord entre l'auteur d'une infraction et l'administration, peut être définie comme un contrat possédant des contours très particuliers, c'est aussi en raison des effets qui y sont attachés une fois la convention née.

§2. Les effets de l'accord transactionnel

Une fois la transaction conclue, ses effets s'appliquent immédiatement. Cela signifie que les dispositions contenues dans la transaction prennent force obligatoire (A), les parties devant nécessairement les respecter. Cela implique également l'extinction immédiate de l'action publique (B).

A. La force obligatoire attachée au contrat de transaction

Les dispositions de la transaction doivent être nécessairement respectées tant par l'administration que par l'auteur de l'infraction (1). A défaut, c'est la caducité de la transaction qui serait prononcée si celle-ci était violée (2).

1. La nécessité de respecter les obligations fixées par la transaction

La transaction conclue entre l'administration et l'auteur de l'infraction dispose du caractère contractuel. A ce titre, les dispositions qu'elle prévoit doivent être obligatoirement exécutées par les parties. L'article 2052 du Code civil dispose ainsi que « les transactions ont, entre les parties, l'autorité de la chose jugée en dernier ressort ». La valeur de la transaction

---

294 NADAL (J.-L.), *Refonder le ministère public*, Rapport remis à Mme la Garde des sceaux en novembre 2013, Proposition n°30 : « Encourager et développer le recours à la transaction pénale dans certains contentieux techniques »

équivaut donc celle d'un jugement, et les parties n'ont d'autre choix que de s'y conformer.

Cela vaut notamment pour l'auteur de l'infraction, qui s'est généralement engagé à verser une certaine somme d'argent. Cette amende transactionnelle doit être payée dans le délai prévu par la transaction, au risque de menacer l'existence de ce contrat de transaction et donc de permettre à nouveau l'engagement des poursuites[295].

Mais le respect de ces obligations vaut également pour l'administration, qui s'engage par la transaction à ne plus mettre en mouvement l'action publique pour les faits visés par la transaction. Ainsi, une action engagée ultérieurement à la conclusion d'une transaction pour faire condamner le transigeant pour les mêmes faits que ceux prévus par la transaction devrait forcément être rejetée par les tribunaux, quand bien même les faits pouvaient être punis sur un autre fondement que celui prévu par la transaction[296].

La transaction possède ainsi les mêmes effets qu'un contrat, et cette nécessité de respecter les obligations qu'elle fixe est à rapprocher de la force obligatoire des contrats prévue par l'article 1134 du Code civil. Cette force obligatoire est opposable tant à l'administration qu'à l'auteur de l'infraction, puisque ces deux parties ont pris des engagements par le biais de l'accord qu'ils ont conclu.

Mais pour pouvoir se prévaloir de la force obligatoire de la transaction, il est nécessaire d'avoir respecté ses obligations[297]. Ainsi, l'auteur de l'infraction ne pourra demander le rejet d'une action engagée par l'administration que s'il a payé la somme à laquelle il s'était engagé. De même, l'administration ne pourra demander cette somme

---

[295] Cf. *Infra.* sur la sanction du non-respect des dispositions de la transaction.

[296] Cass. Crim. 7 mars 1984, n°83-91574.

[297] PERRIER (J.-B.), *La transaction en matière pénale, préc.*

que si elle n'a pas engagé l'action publique, conformément à ses engagements.

Toutefois, l'application du droit civil à la transaction pénale a des limites. Ainsi, l'alinéa 2 de l'article 1134 du Code civil, qui permet aux parties de révoquer un contrat par consentement mutuel, au nom du principe selon lequel « ce que les parties peuvent faire, elles peuvent le défaire », ne paraît pas pouvoir s'appliquer à la transaction pénale. Les engagements pris par les parties à la transaction pénale semblent donc définitifs, et ne peuvent être modifiés. Le montant de l'amende transactionnelle ne peut ainsi pas être révisé. Néanmoins, les parties peuvent s'entendre dans la révocation de la transaction pénale par l'inexécution commune de leurs obligations.

Cette violation de la transaction entraînera alors l'application de la sanction prévue dans ce cas, c'est-à-dire la caducité de l'acte transactionnel.

2. La sanction de la violation de la transaction

Lorsque les dispositions de la transaction ne sont pas correctement exécutées par les parties, celle-ci devient caduque. Les textes offrant à l'administration la possibilité de transiger prévoient généralement que la transaction ne produit ses effets vis-à-vis de l'action publique que lorsqu'elle est correctement exécutée, faisant ainsi de son exécution une condition suspensive de cette transaction[298]. C'est le cas de l'article L161-25 du Code forestier qui dispose que « l'action publique est éteinte lorsque l'auteur de l'infraction a exécuté dans les délais impartis l'intégralité des obligations résultant pour lui de l'acceptation de la transaction ».

---

[298] REDON (M.), V° Transaction, Répertoire pénal Dalloz.

La transaction ne prend pleinement effet que lorsqu'elle est entièrement exécutée par le transigeant. Dans le cas contraire, elle devient caduque et ne peut nullement être soulevée par voie d'exception par ce dernier si l'administration vient à mettre en mouvement l'action publique.

Dans sa thèse soutenue en 2012, Jean-Baptiste Perrier conteste l'existence d'une telle condition suspensive, qui serait « purement potestative » puisque reposant uniquement sur l'une des parties à la convention[299]. Il préfère voir dans le non-respect des dispositions de la transaction la possibilité pour l'administration de soulever une exception d'inexécution devant les juridictions pénales, dans le cas où l'intéressé chercherait à faire opposer la transaction aux poursuites qui pourraient être engagées contre lui.

L'exception d'inexécution semble par ailleurs bien mieux convenir à la logique de la transaction qu'une éventuelle demande d'exécution forcée que l'administration pourrait initier. En effet, l'indulgence dont a fait preuve l'administration en proposant une transaction a ses limites, et les poursuites que l'individu aurait pu éviter en exécutant correctement ses obligations finiront par intervenir lorsque l'administration constatera que celles-ci ne sont pas remplies.

Néanmoins, dans le cas où l'administration admet un paiement de l'amende transactionnelle au-delà du délai qui était initialement prévu par la transaction, elle n'est plus admise à engager les poursuites contre l'auteur de l'infraction[300]. La Haute Juridiction considère ainsi que l'acceptation du paiement par l'administration valait « implicitement mais nécessairement » renonciation à l'engagement de poursuites ultérieures.

---

[299] PERRIER (J.-B.), *La transaction en matière pénale, préc.* p. 238.
[300] Cass. Crim. 18 avril 1983, n°82-90081.

Si la transaction fait naître des obligations pesant sur l'auteur d'une infraction, tel le paiement d'une somme d'argent, l'effet principal attaché à ce contrat particulier reste de mettre fin à l'action publique qui aurait pu être engagée contre cet individu.

B. L'extinction de l'action publique

Lorsque la transaction produit ses effets, cela entraîne un arrêt immédiat des poursuites pouvant viser l'auteur de l'infraction (1). Néanmoins, ses éventuels coauteurs et complices ne sont pas concernés par la transaction, et peuvent donc toujours être poursuivis (2).

1. L'arrêt immédiat des poursuites visant l'auteur de l'infraction

La conclusion d'une transaction vient éteindre l'action publique, mais uniquement lorsque la loi en dispose expressément[301]. Cela implique donc que le législateur ait confié à un fonctionnaire de l'administration la possibilité de conclure une telle transaction, et qu'il ait prévu que cette transaction, une fois conclue, mettrait fin à l'action publique.

De manière générale, l'effet extinctif de la transaction vaut pour des poursuites futures. En effet, dans la plupart des cas, la transaction ne peut être conclue qu'avant la mise en mouvement de l'action publique[302]. Dans ce cas, la transaction pourra alors être opposée par l'auteur de l'infraction à toute poursuite qui serait éventuellement intentée contre lui une fois l'accord transactionnel conclu.

---

[301] C. pr. pén., art. 6 al. 3.

[302] Tel est le cas pour les transactions prévues par les articles L161-25 du Code forestier, L173-12 du Code de l'environnement, L205-10 du Code rural et de la pêche maritime, L141-2 et L216-11 du Code de la consommation, L470-4-1 du Code de commerce, L1721-3 du Code des transports, R151-8 du Code de l'aviation civile et enfin L251 du Livre des procédures fiscales.

Néanmoins, de manière exceptionnelle, le législateur a prévu la possibilité pour l'administration de conclure une transaction alors même que l'action publique a déjà été mise en mouvement, mais qu'aucune décision définitive n'a encore été rendue. Tel est le cas en matière de contributions indirectes et de douane[303].

Lorsque la transaction peut intervenir alors que les poursuites sont déjà engagées, la juridiction devant laquelle l'affaire est portée doit obligatoirement constater l'extinction de l'action publique, et ce même si la transaction est conclue alors que l'affaire est en cours devant la Cour de cassation[304]. Dans ce cas, les peines qui auraient pu être prononcées par des juridictions de première instance mais qui n'étaient pas définitives suite à l'exercice d'un recours ne peuvent en aucun cas être mises à exécution. Dans le cas où la transaction est conclue alors qu'une information judiciaire est en cours, le juge d'instruction doit rendre immédiatement une ordonnance de non-lieu.

L'extinction de l'action publique est immédiate, dès lors que la transaction est conclue. Cela implique donc non seulement l'arrêt des poursuites qui pouvaient être en cours devant les juridictions pénales, mais également qu'il ne sera plus possible de poursuivre les faits concernés par la transaction, et cela même sous une qualification différente[305].

Néanmoins, l'effet extinctif de la transaction est limité, et il faut ainsi considérer la transaction comme étant « de droit étroit »[306]. Ainsi un accord transactionnel portant sur une infraction économique, éteignant l'action publique en se fondant sur l'ordonnance du 30 juin 1945, n'a pas eu pour

---

[303] C. douanes art 350, et LPF art L249.

[304] Cass. Crim. 8 octobre 2008, n°02-81609.

[305] Cass. Crim. 7 mars 1984, n°83-91574.

[306] Expression empruntée au professeur Pradel : PRADEL (J.), *Procédure pénale*, Cujas, 16ème éd. 2011.

effet d'éteindre l'action fiscale née des faits, sous leur qualification de fraude fiscale tel que définie par le Code général des impôts[307]. Cette solution est toutefois due au particularisme de la matière fiscale, dans laquelle des mêmes faits font naître deux types d'actions qui sont indépendantes qui peuvent donc être éteintes séparément[308].

Si la transaction a pour effet principal d'éteindre l'action publique vis-à-vis de l'auteur de l'infraction, cet effet est relatif, en ce qu'il ne s'étend pas à d'éventuels coauteurs ou complices.

2. Le maintien des poursuites contre d'éventuels coauteurs ou complices

La personne qui conclut une transaction avec l'administration voit les poursuites, qui auraient pu être engagées contre elles, éteintes du fait de cet accord. Néanmoins, l'effet extinctif de la transaction ne concerne que le transigeant, et ne s'étend ni à un éventuel coauteur ni à un éventuel complice.

La Cour de cassation a ainsi posé le principe selon lequel « le bénéfice de la transaction profite exclusivement à celui à qui elle a été accordée » pour refuser de faire profiter de la transaction à un coauteur[309] ou à un complice[310]. Ce principe vaut même si le transigeant aurait pu être condamné solidairement à une peine pécuniaire avec son coauteur. Une fois la transaction conclue, les poursuites contre les coauteurs et complices peuvent donc reprendre.

Une fois de plus en la matière, le droit pénal s'inspire des principes de droit civil, et notamment de celui de l'effet

---

[307] Cass. Crim. 20 février 1969, n°68-92261.

[308] Cf. *Supra.* sur l'extinction des actions fiscale et publique, qui peut intervenir de manière séparée.

[309] Cass. Crim. 8 décembre 1971, n°70-91872.

[310] Cass. Crim. 26 novembre 1964, n°64-90178.

relatif des conventions posé par l'article 1165 du Code civil et appliqué aux transactions par l'article 2051 du même code. Ce principe, selon lequel les conventions ne peuvent profiter ou nuire qu'aux parties contractantes, s'applique pleinement pour les transactions conclues entre les administrations et les auteurs d'infractions.

L'effet extinctif de la transaction est ainsi conditionné à l'identité des parties[311]. Pour que l'acte de transaction empêche l'exercice de poursuites pénales, il est ainsi nécessaire que la personne visée par ces poursuites soit la même que celle qui a conclu l'accord avec l'administration. Cette identité des parties est également exigée pour le demandeur à l'action, ce qui signifie que la transaction conclue entre l'administration et l'auteur de l'infraction ne peut pas être opposée à la victime souhaitant exercer l'action civile[312], celle-ci n'étant pas partie à la transaction.

Dans le but d'éviter ces transactions ne réglant qu'une partie du litige dans le cas où il existe plusieurs coauteurs pour une même infraction, l'article 23 de l'ordonnance du 30 juin 1945[313], qui prévoyait une possibilité de transaction pour les infractions économiques, disposait ainsi : « les dossiers sont renvoyés [au procureur de la République] si la transaction n'intervient pas avec tous les délinquants ». Ce texte obligeait donc l'administration à étendre la transaction à tous les coauteurs, faute de quoi les poursuites pouvaient être maintenues, et la transaction ne pas prendre effet. Cette disposition, qui pouvait priver certains individus du bénéfice de la transaction malgré leur bonne volonté, a été abrogée en même temps que l'ordonnance de 1945 par une ordonnance

---

311 PERRIER (J.-B.), *La transaction en matière pénale, préc.* p. 317.
312 *Ibid.*
313 Ordonnance n°45-1484 du 30 juin 1945, relative à la constatation, la poursuite et la répression des infractions à la législation économique.

du 1er décembre 1986[314]. Désormais, il est donc tout à fait envisageable qu'une transaction en matière économique ne concerne qu'une partie des coauteurs d'une infraction.

Ce contrat de transaction possède ainsi certaines caractéristiques communes à tous les contrats, tels que l'effet relatif des conventions ou encore la force obligatoire. Toutefois, son effet extinctif de l'action publique en fait un contrat très particulier, ce qui explique qu'il soit contrôlé par l'autorité judiciaire.

Section 2. Le contrôle de la transaction par l'autorité judiciaire

La conclusion d'une transaction par l'administration ayant des conséquences importantes sur l'action publique, puisqu'elle peut y mettre fin, le législateur a prévu un contrôle de l'autorité judiciaire sur cet accord, ce contrôle étant toutefois variable selon le moment auquel la transaction est conclue (§ 1). Cette intervention de l'autorité judiciaire a par ailleurs entraîné l'apport de précisions par la jurisprudence, et ce afin d'encadrer ses conséquences (§ 2).

§ 1. Un contrôle variable selon le moment de la transaction

Le contrôle de l'autorité judiciaire sur l'acte de transaction ne sera pas le même selon que la transaction soit conclue avant la mise en mouvement de l'action publique (A), ce qui peut être possible pour l'ensemble des administrations ayant reçu la faculté de transiger, ou que cette transaction soit conclue une fois l'action publique mise en mouvement (B), ce qui est toutefois possible uniquement pour les administrations à caractère fiscal.

---

[314] Art 57 de l'ordonnance n°86-1243 du 1er décembre 1986 relative à la liberté des prix et de la concurrence.

A. La transaction conclue avant la mise en mouvement de l'action publique

Lorsque la transaction est conclue avant la mise en mouvement de l'action publique, l'autorité judiciaire n'exerce pas le même contrôle selon la qualité de l'administration ayant transigé. Ainsi, s'il s'agit d'une transaction à caractère fiscal, il n'y a pas de contrôle de l'autorité judiciaire (1). A l'inverse, pour les autres transactions, ce contrôle s'opère (2).

1. L'absence de contrôle de l'autorité judiciaire sur les transactions à caractère fiscal

En matière fiscale, les administrations douanière et fiscale se voient attribuer la faculté de transiger avec les auteurs d'infractions par les articles 350 du Code des douanes et L248 du Livre des procédures fiscales. Ce dernier texte permet à l'administration fiscale de transiger en toute matière avant la mise en mouvement de l'action publique, alors qu'il ne lui sera possible de transiger qu'en matière de contributions indirectes une fois l'action publique mise en mouvement[315].

Les transactions conclues par ces administrations alors que l'action publique n'a pas encore été engagée se suffisent à elles-mêmes. L'autorité judiciaire n'a ainsi aucun accord à donner pour la conclusion de ces transactions, qui naissent dès lors que l'administration et l'auteur de l'infraction sont parvenus à un accord. Cette possibilité de transiger sans que l'autorité judiciaire n'ait un droit de regard sur les accords conclus illustre bien les pouvoirs importants dont disposent les administrations fiscale et douanière sur l'action publique.

L'étendue de ces pouvoirs a d'ailleurs été parfois critiquée, le syndicat de la magistrature estimant notamment qu'il devrait être obligatoire pour les administrations de

---

[315] Cf. *Infra.*

procéder au minimum à une information de l'autorité judiciaire sur les transactions conclues, ce qui n'est même pas obligatoire en l'état[316]. Or, avec les conséquences que la transaction a sur l'action publique, il est vrai qu'il pourrait paraître intéressant que toute transaction conclue soit portée à la connaissance de l'autorité judiciaire. Il n'y a d'ailleurs qu'en matière fiscale et douanière, lorsque la transaction est conclue avant la mise en mouvement de l'action publique, que cette information n'existe pas.

Néanmoins, en matière douanière, l'administration est tenue de recueillir l'avis du comité du contentieux fiscal, douanier et des changes lorsque les transactions « excèdent les limites de compétence des services extérieurs de l'administration des douanes »[317]. Cette procédure d'avis, créée par la loi du 29 décembre 1977, est donc obligatoire lorsque les transactions concernent les affaires les plus importantes, relevant notamment du directeur général des douanes ou du ministre du budget. Toutefois, cette procédure d'avis a un intérêt limité, puisque l'avis remis par ce comité n'est que consultatif, l'administration n'étant nullement tenue de le suivre[318].

Lorsque la transaction est conclue avant la mise en mouvement de l'action publique par les administrations fiscale ou douanière, l'autorité judiciaire n'a aucun droit de regard sur cet accord. En revanche, si c'est une autre administration qui conclut une transaction, l'accord du ministère public est requis.

---

316 Avis émis lors de la consultation pour la rédaction du rapport suivant : DELMAS-GOYON (P.), *Le juge du 21ème siècle*, Rapport remis à Mme la Garde des sceaux en décembre 2013.

317 C. douanes, art 350 a).

318 CREN (R.), *Poursuites et sanctions en droit pénal* douanier, thèse Université Paris II Panthéon-Assas, 2011, p.265.

2. La nécessité d'un accord du ministère public pour les autres transactions

Lorsqu'une administration, autre que les administrations fiscale et douanière, conclut une transaction avec l'auteur d'une infraction, elle doit nécessairement le faire sous le contrôle du ministère public. Les transactions prévues par le Code des transports, le Code de la consommation, le Code rural et le Code de commerce ne peuvent se faire « qu'après accord du procureur de la République »[319]. De leur côté, les transactions prévues par le Code forestier ou le Code de l'environnement doivent « être homologuées par le procureur de la République »[320].

De manière générale, les transactions, que les administrations peuvent proposer aux auteurs d'infractions, ne pourront donc produire leurs effets que si le ministère public y consent. L'extinction de l'action publique est ainsi suspendue à l'accord de celui qui en est habituellement titulaire, selon les dispositions du Code de procédure pénale.

Mais il y a donc bien une différence entre les transactions que l'on pourrait qualifier d'environnementales, en ce qu'elles se rapportent au droit forestier ou de l'environnement, et les autres transactions. Les transactions environnementales doivent ainsi être homologuées par le procureur de la République, qui n'aura ainsi à donner son accord que lorsque l'administration a abouti à un accord avec l'auteur des faits. A l'inverse, dans les autres situations, l'accord du ministère public est préalable à la proposition de l'administration, et si les négociations n'aboutissent pas, la transaction n'aura pas lieu, même si le procureur de la République y était favorable.

---

[319] C. transports art L1721-3, C. conso. art L141-2, C. rur. art L205-10, C. com. art L470-4-1.

[320] C. for. art L161-25, C. envir. art L173-12.

Le procureur de la République pourrait ainsi être moins enclin à rejeter une proposition de transaction lorsqu'il sait que l'accord est trouvé entre l'administration et l'auteur de l'infraction, comme c'est le cas en matière environnementale. Dans ce cas, il n'intervient réellement qu'en dernier recours pour valider la procédure qui a eu lieu. A l'inverse, lorsque l'accord est préalable, le procureur de la République permet de déclencher la procédure transactionnelle.

Pour autant, même lorsque l'accord du ministère public intervient une fois la transaction conclue, le procureur de la République ne joue pas le rôle de contrôleur de la procédure. Il a simplement le pouvoir de délivrer son accord sur l'existence de la transaction, il s'agit d'un simple accord de principe[321].

La transaction est en effet issue de l'accord entre l'administration et l'auteur de l'infraction, et c'est elle qui règle le litige. Le ministère public n'intervient pas pour donner un avis par rapport aux faits, simplement pour s'assurer que la conclusion d'une transaction peut être bénéfique dans le cas d'espèce.

Si le ministère public peut contrôler les transactions conclues avant la mise en mouvement de l'action publique, hormis les transactions fiscale et douanière, ces dernières peuvent en revanche être contrôlées par l'autorité judiciaire lorsqu'elles sont conclues alors que l'action publique a déjà été mise en mouvement.

---

[321] Cf. *Infra.* sur la portée limitée de l'intervention de l'autorité judiciaire en matière de transactions.

B. La transaction conclue après la mise en mouvement de l'action publique

En matière fiscale et douanière, l'administration a la faculté de conclure une transaction alors que l'action publique a déjà été engagée. Elle doit pour cela obtenir l'accord de l'autorité judiciaire (1). Dans certaines situations, l'administration vient ainsi valider un accord provisoire (2) qui avait déjà été trouvé avec l'auteur des faits.

1. La nécessité d'un accord de l'autorité judiciaire

Ce sont les articles L249 du Livre des procédures fiscales et 350 b) du Code des douanes qui permettent aux administrations fiscale, en matière de contributions indirectes, et douanière de pouvoir conclure une transaction une fois l'action publique mise en mouvement. Cette transaction doit toutefois intervenir avant tout jugement définitif, les sanctions ne pouvant plus faire l'objet de transaction dès lors qu'elles sont devenues définitives, et donc exécutoires.

Cette transaction conclue après l'engagement des poursuites ne peut être conclue « que si l'autorité judiciaire admet le principe d'une transaction »[322]. Contrairement à la transaction qu'elles peuvent conclure avant la mise en mouvement de l'action publique, les administrations fiscale et douanière ne peuvent agir seules lorsque l'action publique a été exercée. Cet accord de principe sera délivré par le ministère public, dans le cas où l'auteur de l'infraction encourt à la fois des sanctions fiscales et des sanctions pénales, ou par le président de la juridiction saisie, dans le cas où l'infraction n'est passible que de sanctions fiscales. L'autorité chargée de donner son accord est donc différente selon le type de sanctions encourues, le ministère public ne

---

[322] LPF, art L249 al. 1er, C. douanes, art 350 b).

pouvant pas intervenir dans le cas où les sanctions encourues ne sont que des sanctions fiscales. Cela s'explique par le fait que le ministère public n'est pas compétent pour engager les poursuites lorsque seules des sanctions fiscales sont encourues, l'action fiscale étant alors l'entière propriété de l'administration[323]. Puisqu'il ne peut engager l'action fiscale, il est logique que le procureur de la République n'ait pas à donner son avis sur la transaction, ce pouvoir revenant alors à un magistrat du siège.

Dans le cas où l'autorité judiciaire refuse de donner son accord à la transaction, les textes ne précisent pas la nature de ce refus. Claude J. Berr s'interroge ainsi sur les effets d'un tel refus, considérant qu'il n'est pas possible de voir dans une décision de refus de l'autorité judiciaire une véritable décision de justice qui serait alors susceptible de recours[324]. Pour autant, cet auteur considère qu'il est tout aussi difficile d'imaginer que le législateur ait entendu attribuer à l'autorité judiciaire un pouvoir discrétionnaire de bloquer la conclusion d'une transaction. En réalité, on peut ainsi considérer que la décision de l'autorité judiciaire peut naître d'échanges avec l'administration, dans lesquels celle-ci aura pu démontrer l'utilité d'une transaction tant pour l'administration que pour l'autorité judiciaire, qui se voit ainsi délester de dossiers parfois compliqués. Le refus de cette dernière ne traduirait alors que la transmission par l'administration de dossiers mal ficelés, pour lesquels la transaction ne paraît vraiment pas être la bonne solution.

L'accord de l'autorité judiciaire sur le principe de la transaction doit nécessairement être recueilli par les administrations fiscale et douanière souhaitant transiger alors que les poursuites sont engagées. Cet accord peut

---

323 Cf. *Supra.* sur la poursuite de l'auteur d'une infraction qui n'encourt que des sanctions fiscales.

324 BERR (C.-J.), TREMEAU (H.), *Le droit douanier, préc.*

notamment être recueilli sur la base d'un acte provisoire, que l'administration cherchera à rendre définitif en le validant par la suite.

2. La validation d'un acte encore provisoire

Lorsque l'autorité judiciaire est consultée sur le principe de la transaction, cela peut être sur la base d'une transaction provisoire, qui devra par la suite être validée par l'autorité supérieure hiérarchique du fonctionnaire. En matière douanière, ces transactions provisoires sont généralement conclues lorsque ce sont les chefs de circonscriptions douanières qui disposent d'un pouvoir de transaction[325].

Une transaction provisoire permet ainsi de fixer les modalités d'une transaction éventuelle, en obtenant l'accord de l'auteur de l'infraction. La validation de cette transaction interviendra alors par l'intervention de l'autorité administrative formellement compétente, cette intervention ne se faisant en principe qu'une fois que l'autorité judiciaire a donné son accord de principe à la transaction. De manière formelle, cette validation intervient lorsque l'administration a confirmé à l'auteur de l'infraction les modalités de la transaction, ainsi que les conditions de son exécution. Cela peut par exemple passer par la fixation précise du montant de l'amende transactionnelle, que l'administration n'avait pu déterminer dans la transaction provisoire faute d'éléments suffisants.

Cette technique de la transaction provisoire permet ainsi de ne transmettre aux directeurs régionaux ou interrégionaux que des dossiers où la transaction relève de leur seul pouvoir, puisque l'accord de l'autorité judiciaire a déjà été recueilli. La transaction provisoire n'engage toutefois pas l'auteur de l'infraction, qui pourra toujours la refuser si l'autorité

---

[325] CREN (R.), *Poursuites et sanctions en droit pénal douanier*, thèse, Université Paris II Panthéon-Assas, 2011, p. 261.

administrative fait le choix d'augmenter le montant de l'amende transactionnelle à un niveau qui ne lui paraît pas acceptable.

En revanche, si l'auteur de l'infraction peut retirer un accord qu'il avait donné à une transaction provisoire, ce n'est pas le cas lorsqu'il consent à une soumission contentieuse. Cette dernière est un acte qui permet à l'auteur de l'infraction de reconnaître les faits, et de s'engager à payer le montant qui sera déterminé par l'administration, celle-ci n'étant pas encore en mesure de déterminer précisément le montant de l'amende transactionnelle[326].

En matière fiscale et douanière, l'administration est donc tenue de recueillir l'accord de l'autorité judiciaire pour conclure une transaction après la mise en mouvement de l'action publique. Elle peut le faire sur la base d'un accord provisoire obtenu avec l'auteur de l'infraction. Cette intervention de l'autorité judiciaire entraîne des conséquences sur la nature de la transaction, ce qui a poussé la jurisprudence à se prononcer à plusieurs reprises sur ce mécanisme.

§ 2. Les conséquences de l'intervention de l'autorité judiciaire

La particularité du mécanisme de transaction a amené le Conseil d'Etat à en préciser le régime (A), et notamment à dégager des principes autour de l'intervention de l'autorité judiciaire dans ce mécanisme. L'accord de cette dernière, bien qu'important en ce qu'il contrôle l'autorité administrative souhaitant transiger, n'a néanmoins qu'une portée relative (B).

---

[326] CREN (R.), *Poursuites et sanctions en droit pénal douanier, préc.*. p. 259.

A. Les principes dégagés par le Conseil d'Etat

Dans la lignée du Conseil constitutionnel qui a précisé le régime de la transaction pénale dans une décision de 2006[327], le Conseil d'Etat est venu, dans un arrêt d'assemblée du 7 juillet 2006[328], dégager des principes importants qui doivent gouverner l'existence de la transaction pénale. La Haute Juridiction administrative a ainsi mis en avant la protection de la séparation des pouvoirs (1) et de la liberté du consentement du transigeant (2).

1. La protection du principe de la séparation des pouvoirs

Le Conseil d'Etat a été saisi par l'association France Nature Environnement au sujet de l'article 6 de l'ordonnance n°2005-805 du 18 juillet 2005 créant à l'article L216-14 du Code de l'environnement un mécanisme de transaction pénale dans le domaine de l'eau et des milieux aquatiques. L'association contestait la création de ce mécanisme, considérant qu'il portait atteinte à des dispositions constitutionnelles, et notamment à l'article 16 de la Déclaration des droits de l'homme et du citoyen[329].

Dans sa décision, le Conseil d'Etat suit l'argumentaire développé par l'association et censure le dispositif de transaction qui avait été créé par voie d'ordonnance. Il considère ainsi qu'« une telle transaction pénale touche aux modes d'exercice de l'action publique et affecte la séparation des pouvoirs et la garantie des droits consacrés par l'article 16 de la Déclaration des droits de l'homme et du citoyen ».

---

[327] Cons. Const. 30 mars 2006, n°2006-535 DC.

[328] CE, Ass., 7 juillet 2006, France Nature Environnement, n°283178.

[329] Cet article dispose que « toute société dans laquelle la garantie des droits n'est pas assurée, ni la séparation des pouvoirs déterminée, n'a point de Constitution ».

Le dispositif que souhaitait créer l'ordonnance permettait en effet à l'administration de transiger avec l'auteur d'une infraction, et ce après avoir recueilli l'accord du procureur de la République. Mais le texte ne précisait pas si cette transaction était possible avant la mise en mouvement de l'action publique, ou après cette dernière, ou encore avant et après celle-ci. Reprenant les conclusions du commissaire du gouvernement Matthias Guyomar[330], le Conseil d'Etat considère que ce mécanisme porte atteinte à la séparation des pouvoirs, et notamment à la séparation entre les autorités de poursuite et les autorités de jugement. Ainsi, cette séparation impose que l'homologation d'une transaction conclue avant la mise en mouvement de l'action publique relève d'un magistrat du parquet, alors qu'une transaction conclue après l'engagement des poursuites doit relever d'un magistrat du siège. En effet, un tribunal déjà saisi ne peut se voir dessaisir sans être consulté à ce sujet. Or, puisque ce texte ne précisait pas ce qu'il en était s'agissant des transactions conclues après l'exercice des poursuites, il devait forcément être censuré par le Conseil d'Etat.

Sur ce point, la Haute juridiction administrative s'inscrit dans la droite ligne de la jurisprudence constitutionnelle, puisque dans leur décision du 30 mars 2006 par laquelle le mécanisme de transaction accordée au maire a été validé, les Sages ont précisé qu'une telle transaction n'était possible qu'avant la mise en mouvement de l'action publique, avec homologation du procureur de la République. Par ailleurs, dans son argumentaire visant à convaincre les magistrats, le commissaire du gouvernement Guyomar avait relevé que la Cour de cassation admet de manière constante qu'une transaction puisse être conclue après la mise en mouvement de l'action publique, à la condition d'un contrôle d'un

---

330 GUYOMAR (M.), Les conditions de la transaction pénale, *RFD adm.* 2006, p. 1261.

magistrat du siège[331]. C'est donc bien d'une position commune de l'ensemble des hauts magistrats qu'est issue cette décision du 7 juillet 2006 dite France Nature Environnement. Elle permet ainsi de ressortir un régime plus ou moins général de la transaction pénale, qui n'est en réalité uniquement régie que par des textes spéciaux réglementant chaque possibilité de transaction offerte à l'administration.

Cette décision vient éclaircir un peu ce qu'il faut placer sous le vocable « transaction pénale ». Et outre un acte respectant la séparation entre les autorités de poursuite et de jugement, la transaction doit également être issue du respect de la liberté du consentement du transigeant.

2. La protection de la liberté du consentement du transigeant

Dans sa décision du 7 juillet 2006, le Conseil d'Etat n'a pas fait que mentionner la Déclaration des droits de l'homme et du citoyen au soutien de sa position. Il s'est également appuyé sur l'article 66 de la Constitution, selon lequel l'autorité judiciaire doit être la gardienne de la liberté individuelle, pour rappeler que la transaction ne pouvait pas porter atteinte à cette liberté. Il a ainsi disposé que « cet accord [l'accord transactionnel] doit être donné librement et de manière non équivoque par l'auteur des faits litigieux, éventuellement assisté de son avocat ».

L'accord fondant la transaction doit donc être issu d'une volonté personnelle de l'auteur de l'infraction, qui ne peut se voir forcer la main par l'administration. L'auteur d'une infraction qui se voit proposer une transaction par une autorité administrative doit ainsi rester libre d'apporter la réponse qu'il souhaite à cette proposition, et de la refuser s'il

---

331 LANDAIS (C.), LENICA (F.), Le régime de la transaction pénale, *AJDA* 2006, p. 2053.

ne s'estime pas gagnant dans un tel accord. L'intervention de l'autorité judiciaire pour contrôler la transaction a donc aussi pour but de vérifier que cette liberté dont doit disposer le transigeant a été respectée au cours du processus transactionnel.

Là encore, le Conseil d'Etat s'inscrit dans la lignée de la décision du Conseil constitutionnel du 30 mars 2006 où les Sages avaient considéré que la procédure de transaction « supposait l'accord libre et non équivoque, avec l'assistance éventuelle d'un avocat, de l'auteur des faits ». Cette liberté du consentement du transigeant est essentielle dans l'aboutissement du processus de transaction, que le commissaire du gouvernement Guyomar avait qualifié de contractuel, qualification qui n'a pas été reprise par le Conseil d'Etat[332].

Tant le Conseil d'Etat que le Conseil constitutionnel mentionnent par ailleurs le caractère « éventuel » de la présence d'un avocat au côté du transigeant au cours du processus visant un accord entre ce dernier et l'administration. Si la présence d'un avocat n'est pas obligatoire, c'est parce que le processus transactionnel ne doit en rien être considéré comme un processus juridictionnel. Il s'agit d'une simple procédure administrative, au cours de laquelle les droits de la défense ne paraissent pas pouvoir être bafoués, l'auteur des faits litigieux n'étant, en principe, jamais tenu d'accepter la transaction[333].

Pourtant, dans une décision du 27 février 1980, la Cour européenne des droits de l'homme a condamné la Belgique pour violation de l'article 6 §1 de la Convention, posant le droit à un procès équitable, au motif qu'une transaction avait été conclue en l'espèce sous une pression « si contraignante

---

332 LANDAIS (C.), LENICA (F.), Le régime de la transaction pénale, *préc.*
333 GUYOMAR (M.), Les conditions de la transaction pénale, *préc.*

que l'on ne saurait s'étonner que l'intéressé y ait cédé »[334]. Dans une telle situation, le consentement de l'intéressé ne serait donc pas donné librement et son droit à un tribunal indépendant et impartial aurait été violé. Pour qu'une transaction produise ses effets, il est donc nécessaire que l'auteur des faits ait consenti en toute liberté à cet accord. Pour cela, la présence d'un avocat pour assister le transigeant donnant son accord à l'administration ne paraît pouvoir que garantir un peu plus les droits de l'individu auteur d'une infraction.

Le Conseil d'Etat, par sa décision du 7 juillet 2006, est donc venu poser des principes qui doivent servir de base à l'intervention de l'autorité judiciaire dans le mécanisme transactionnel. Mais si ces principes sont respectés, il faut tout de même considérer que l'accord donné par l'autorité judiciaire n'a qu'une portée relative.

B. La portée relative de l'accord donné par l'autorité judiciaire

Si l'accord de l'autorité judiciaire est obligatoire pour que la transaction puisse produire ses effets, cet accord ne reste qu'un simple accord de principe (1), dont la portée est donc limitée. En réalité, dans la conclusion de la transaction, l'autorité judiciaire ne joue qu'un rôle accessoire (2).

1. La délivrance d'un simple accord de principe

L'accord délivré par le magistrat, du siège ou du parquet selon le moment de conclusion de la transaction, à la transaction est indispensable à la conclusion d'un tel arrangement entre l'administration et l'auteur de l'infraction. Pour autant, cet accord n'est qu'un accord de principe. Ainsi, l'autorité judiciaire n'a pas à être consultée sur le montant de l'amende transactionnelle que l'administration propose à

---

[334] CEDH, 27 février 1980, Deweer c/ Belgique, n°6903/75.

l'auteur des faits litigieux[335]. L'autorité judiciaire n'a pas à contrôler non plus la légalité de la procédure qui a abouti à la conclusion de la transaction, et ne peut demander une modification du contenu de la transaction[336].

En réalité, l'accord de l'autorité judiciaire « ne porte que sur le principe de la transaction, voire sur la suffisance des mesures proposées au regard de l'effet extinctif de la transaction »[337]. L'autorité judiciaire ne peut donc que valider l'accord conclu, ou refuser de le faire si elle estime que la transaction n'apporte pas une réponse satisfaisante aux faits litigieux qui ont été commis par l'intéressé.

Contrairement aux procédures de composition pénale ou de comparaison sur reconnaissance préalable de culpabilité, qui sont elles aussi des procédures où l'assentiment de l'intéressé est recherché au cours de la procédure, l'intervention de l'autorité judiciaire dans la transaction ne permet pas aux magistrats d'effectuer les vérifications qui lui semblent nécessaires pour considérer que la procédure est satisfaisante. Ainsi, le magistrat ne peut pas rencontrer le transigeant, alors que cette rencontre peut, ou doit, avoir lieu dans le cadre de la composition pénale ou de la comparution sur reconnaissance préalable de culpabilité[338].

L'intervention de l'autorité judiciaire, en ce qu'elle ne délivre qu'un accord sur le principe de la transaction, ne remet pas en cause le caractère conventionnel de la transaction, qui est bien le fruit d'un accord entre l'administration et l'auteur de l'infraction. Ce caractère contractuel de la transaction, que le rôle de l'autorité judiciaire ne menace pas, doit à tout prix être préservé

---

[335] BERR (C.-J.), TREMEAU (H.), *Le droit douanier, préc.*

[336] PERRIER (J.-B.), *La transaction en matière pénale, préc.* p. 192.

[337] *Ibid.*

[338] C. pr. pén, art 41-2 (composition pénale), C. pr. pén. art 495-9 (CRPC).

puisque c'est ce qui fait la spécificité de la procédure transactionnelle, et rend obligatoire les conditions prévues par l'acte de transaction.

Le magistrat chargé de délivrer un accord à la transaction conclue entre l'administration et l'auteur d'une infraction ne donne qu'un accord de principe, à la portée toute relative. L'autorité judiciaire n'a en réalité qu'un rôle accessoire dans la conclusion de la transaction.

2. Le rôle accessoire de l'autorité judiciaire dans la conclusion de la transaction

Lorsqu'elle intervient pour donner son accord sur le principe de la transaction, l'autorité judiciaire n'intervient pas sur le fond de celle-ci. Elle n'a qu'un rôle accessoire, de contrôle de l'utilité de l'acte de transaction. Néanmoins, pour certains auteurs, le ministère public, en donnant son accord à la transaction, exercerait lui-même le pouvoir de transiger[339]. Ainsi, la décision de transiger serait directement imputable au ministère public, qui l'intégrerait dans son pouvoir de libre appréciation de l'opportunité des poursuites.

Toutefois, cette affirmation s'oppose avec vigueur au principe de l'indisponibilité de l'action publique, qui veut que le ministère public, s'il est compétent pour mettre en mouvement l'action publique, ne peut nullement en disposer puisque cette action appartient à la société[340]. Ce principe empêche donc le ministère public de pouvoir mettre fin à des poursuites qui auraient déjà été engagées, et le mécanisme de la transaction s'oppose donc à l'indisponibilité de l'action publique. Ce n'est d'ailleurs que par voie d'exception, « lorsque la loi en dispose expressément »[341], que le législateur a admis que l'action publique pouvait être

---

339 DOBKINE (M.), La transaction en matière pénale, *préc.*

340 MOLINS (F.), V° Action publique, Répertoire pénal Dalloz.

341 C. pr. pén art 6 al. 3.

éteinte par voie de transaction. Mais ce pouvoir de transiger a bien uniquement été attribué à des administrations, et l'accord qu'elles doivent, dans certaines situations, recueillir du ministère public ne fait pas de ce dernier l'acteur principal pouvant exercer ce pouvoir de transaction.

En France, seules certaines administrations ont donc le pouvoir de conclure une transaction avec l'auteur d'une infraction. Cela contraste fortement avec le modèle du *plea bargaining* anglo-saxon, où la justice négociée est très développée. Aux Etats-Unis par exemple, c'est directement le *Department of Justice*, par le biais d'autorités de régulations telles que la *Securities and Exchange Commission*, qui conclut des accords avec les auteurs d'infractions, qui sont généralement de grandes sociétés, pour qui le paiement d'une amende, même importante, est toujours préférable à la mauvaise publicité que peut entraîner un procès[342]. La pratique du *deal* conclu entre les autorités américaines, qui peuvent être le *Department of Justice* ou les procureurs des Etats, et les sociétés coupables d'infractions est donc très courante, tant elle est intéressante pour les deux parties.

Cette justice négociée est en revanche très mal perçue dans la culture française. La conclusion d'une transaction a ainsi tendance à être considérée par l'opinion publique comme un moyen de privatiser la justice, voire même de l'acheter[343]. Ainsi, quand les autorités américaines préfèrent se tourner vers l'avenir en essayant de ne pas porter atteinte à l'équilibre d'un marché, ce qui pourrait être le cas si certaines grosses entreprises étaient poursuivies en justice, les autorités françaises préfèrent se tourner vers le passé pour essayer de punir l'ensemble des comportements répréhensibles qui ont été commis[344].

---

[342] GARAPON (A.), SERVAN-SCHREIBER (P.), *Deals de justice*, PUF, 2013.
[343] *Ibid.*. p. 141.
[344] *Ibid.*, p. 140.

Cette différente réception des mécanismes de transaction dans les droits français et américain illustre de manière flagrante les différences importantes qui peuvent exister entre les modèles de droit romano-germanique, tel que le système français, et les modèles dits de *common law*, tel que le système américain. Si dans leur essai, les auteurs Antoine Garapon et Pierre Servan-Schreiber se positionnent clairement en faveur d'un système de *common law*, en listant les avantages qu'ils jugent nombreux à la justice négociée, aux *deals*, il faut bien avoir à l'esprit que ce qui peut présenter un avantage dans un système donné n'est pas forcément adaptable à l'ensemble des systèmes.

En droit français, il a fallu du temps pour que des modèles de justice négociée s'imposent, et cela est arrivé de manière progressive, avec la mise en place de la composition pénale et de la comparution sur reconnaissance préalable de culpabilité. Pour autant, le modèle américain est encore loin, et n'a que peu de chances de s'imposer un jour dans l'Hexagone, tant le système français est attaché à l'idée d'un jugement « en bonne et due forme ». Ce n'est donc que par voie d'exception que les mesures négociées telle que la transaction peuvent exister.

Conclusion

Par petites touches, certaines administrations ont reçu des pouvoirs importants s'agissant du déclenchement des poursuites pénales. Que ce soit par la constatation des infractions ou encore par la mise en mouvement d'une action publique, en concurrence ou en collaboration avec le ministère public, ces administrations ont su se rendre indispensables pour la poursuite de certaines infractions techniques relevant de leur spécialité.

Pourtant, l'ensemble des pouvoirs accordés aux agents des administrations reste régi par des textes particuliers se situant dans les dispositions pénales des différents codes concernant les matières en cause. Ainsi, il n'existe pas moins de neuf articles différents qui encadrent le droit de visite des locaux professionnels par des fonctionnaires, alors que ce sont dix articles se situant dans des codes différents qui régissent les transactions pouvant être conclues entre une administration et l'auteur d'une infraction.

Cette disparité des dispositions concernant le rôle de l'administration dans la phase de déclenchement des poursuites pénales nuit clairement à l'unité de ces textes. Ceux-ci peuvent ainsi prévoir des réglementations différentes alors pourtant que la logique de l'intervention des agents de l'administration est identique selon que ce soit un inspecteur de l'environnement ou un agent de l'autorité administrative chargée de la concurrence, de la consommation et de la répression des fraudes qui agisse. Pourtant, à titre d'exemple, l'inspecteur de l'environnement pourra faire usage de son droit de visite dans des locaux professionnels entre 6 heures et 21 heures, alors que l'agent de l'administration chargée de la concurrence, de la consommation et de la répression des fraudes ne pourra en faire usage qu'entre 8 heures et 21 heures.

Ce sont ces petites différences qui nuisent à une meilleure compréhension de ces mécanismes permettant aux fonctionnaires de jouer un rôle en matière de procédure pénale, et plus particulièrement s'agissant de la mise en mouvement de l'action publique.

Face à ce constat, il pourrait être intéressant de procéder à une uniformisation de l'ensemble des dispositions afin de simplifier ces interventions diverses et variées des agents des administrations, ce qui aurait pour mérite de les rendre plus claires tant pour les justiciables que pour les professionnels du droit pénal. Cette uniformisation ne paraît toutefois pas pouvoir passer par une codification de l'ensemble de ces dispositions dans le Code de procédure pénale, car cela impliquerait l'application de l'ensemble des dispositions de ce code aux agents des administrations, comme cela a été le cas lorsqu'ont été créés les officiers des douanes judiciaires et les officiers fiscaux judiciaires[345]. Or, les agents des administrations ne peuvent appliquer le Code de procédure pénale de manière continue, tant les missions pénales ne représentent qu'une part résiduelle de leurs fonctions.

La difficulté se trouve donc dans la confrontation entre la nécessité d'uniformisation de dispositions diverses et variées et le nécessaire maintien de ces dispositions dans les différents codes régissant l'action des agents de toutes ces administrations. Force est de constater que cette difficulté n'est, encore aujourd'hui, pas résolue.

---

[345] C. pr. pén. art 28-1 et 28-2.

Index

Bibliographie

OUVRAGES GENERAUX :

ALBERT (J.-L.), *Douane et droit douanier*, PUF, 2013.

BAILLON (N.), NAHMIAS (N.), SACKSICK (E.), *Pratique du droit de l'environnement*, Le Moniteur, 2006.

BERR (C.-J.), TREMEAU (H.), *Le droit douanier*, Economica, 6ème éd., 2004.

CŒURET (A.), FORTIS (E.), *Droit pénal du travail*, LexisNexis, 5ème éd., 2012.

COLLET (M.), *Procédures fiscales*, PUF, 2011.

CORNU (G.), *Vocabulaire juridique*, PUF, 9ème éd., 2002.

DESPORTES (F.), LAZERGES-COUSQUER (L.), *Traité de procédure pénale*, Economica, 2ème éd. 2012.

GUINCHARD (S.), BUISSON (J.), *Procédure pénale*, Litec, 7ème éd., 2011.

HERZOG-EVANS (M.), ROUSSEL (G.), *Procédure pénale*, Vuibert, 3ème éd., 2012.

LAMARQUE (J.), NEGRIN (O.), AYRAULT (L.), *Droit fiscal général*, Litec, 2009.

LAMBERT (T.), *Procédures fiscales*, Lextenso, 2013.

LEPAGE (A.), MAISTRE DU CHAMBON (P.), SALOMON (R.), *Droit pénal des affaires*, Litec, 3ème éd., 2013.

MERLE (R.), VITU (A.), *Traité de droit criminel – Procédure pénale*, Cujas, 5ème éd., 2001.

PIEDELIEVRE (S.), *Droit de la consommation*, Economica, 2008.

PRADEL (J.), *Procédure pénale*, Cujas, 16ème éd., 2011.

RASSAT (M.-L.), *Procédure pénale,* Ellipses, 2ème éd., 2013.

RAY (J.-E.), *Droit du travail, droit vivant,* Liaisons, 21ème éd., 2011.

RENAULT-BRAHINSKY (C.), *Procédure pénale*, Lextenso, 2ème éd., 2008.

SOULARD (C.), *Guide pratique du contentieux douanier*, Litec, 2008.

STEFANI (G.), LEVASSEUR (G.), BOULOC (B.), *Procédure pénale*, Dalloz, 19ème éd. 2004.

WALINE (J.), *Droit administratif*, Dalloz, 22ème éd., 2008.

OUVRAGES SPECIALISES – MONOGRAPHIES – THESES :

BREEN (E.), *Gouverner et punir*, PUF, 2003.

CREN (R.), *Poursuites et sanctions en droit pénal douanier*, thèse Université Paris II Panthéon-Assas, 2011.

DANET (J.), *Justice pénale, le tournant*, Gallimard, 2006.

DELMAS-GOYON (P.), *Le juge du 21ème siècle*, Rapport remis à Mme la garde des sceaux en décembre 2013.

DENOIX DE SAINT MARC (R.), *Rapport de la commission de révision du statut général des militaires*, Rapport remis à Mme la ministre de la Défense le 29 octobre 2003.

GARAPON (A.), SERVAN-SCHREIBER (P.), *Deals de justice*, PUF, 2013.

GODEFROY (T.), LAFFARGUE (B.), *Justice pénale et contentieux du travail*, CESDIP, 1987.

GUINCHARD (S.), *L'ambition raisonnée d'une justice apaisée*, Rapport remis à Mme la garde des sceaux en août 2008.

JEANNARD (S.), *Les transformations de l'ordonnancement juridique douanier en France*, LGDJ, 2011.

LE PAGE-SEZNEC (B.), *Les transactions en droit pénal*, thèse Université Paris X, 1995.

MARINI (P.), *Rapport n°135 (2008-2009) sur le projet de loi de finances rectificative pour 2008*, Sénat, 16 décembre 2008.

NADAL (J.-L.), *Refonder le ministère public*, Rapport remis à Mme la garde des sceaux en novembre 2013.

PERRIER (J.-B.), *La transaction en matière pénale,* thèse Université Aix-Marseille, 2012.

SOURZAT (C.), *La renonciation en procédure pénale*, Lextenso, 2013.

ARTICLES :

AIT IHADADENE (R.), La mise en mouvement de l'action publique en matière fiscale, *Gaz. Pal.* 1994, p. 322.

DE ANDRADE (A.), Une particularité de la procédure pénale applicable aux militaires : l'avis du ministre de la défense, *Rev. sc. crim.* 2002, p. 71 et s.

BERR (C.-J.), La retenue douanière, une copie à revoir, *D.* 2010, p. 2301.

BESIERRE (J.), L'activité de l'inspection du travail dans un contexte de fortes évolutions, *Droit social* 2011, p. 1021.

BOUCHARD (V.), Des pouvoirs de police judiciaire de l'inspecteur du travail, *Rev. sc. crim.* 2005, p. 273.

BUISSON (J.), Valeur probante des procès-verbaux des agents des Douanes, *Rev. sc. crim.* 2004, p. 430.

CARON (D.), Art. 6, Fasc. 10 Action publique – Extinction – Décès, amnistie et autres causes, Jurisclasseur de droit pénal et de procédure pénale, LexisNexis.

CHALON (G.), L'article 40 du Code de procédure pénale et le fonctionnaire : nature et portée de l'obligation de dénoncer, *AJFP* 2003, p. 31.

CUTAJAR (C.), Plaidoyer pour la suppression du « verrou de Bercy », *JCP G* 2013, p.728.

DANJAUME (G.), Le principe de la liberté de la preuve en droit pénal, *D.* 1996, Chron. 153.

DETRAZ (S.), Un an de droit pénal fiscal et douanier (septembre 2011-août 2012), *Dr. pén.* 2012, chron. 8.

DOBKINE (M.), La transaction en matière pénale, *D.* 1994, p.137.

FILIPPI (P.), Les spécificités de la poursuite des infractions douanières, *AJ Pénal* 2009, p. 213.

FOURRIQUES (M.), La commission des infractions fiscales : quand la fraude fiscale devient un délit pénal, *RFC* 2010, p.14.

GHERARDI (E.), Réflexions sur la nature juridique des transactions pénales, *RFD adm.* 1999, p.905.

GUYOMAR (M.), Les conditions de la transaction pénale, *RFD adm.* 2006, p. 1261.

LANDAIS (C.), LENICA (F.), Le régime de la transaction pénale, *AJDA* 2006, p. 2053.

LASSERRE CAPDEVILLE (J.), Recevabilité de l'appel de l'administration des douanes, *AJ Pénal* 2013, p. 48.

LESCLOUS (V.), Le procureur : du mécanicien de la poursuite pénale à l'architecte d'un traitement social, une fonction judiciaire républicaine, *Dr. pén.* 2013, n°6, p. 13.

MAITRE (M.-P.), De la transaction pénale en matière de protection de l'eau et des milieux aquatiques, *Envir.* 2007, Comm. 117.

MATSOPOULOU (H.), Les investigations de certains fonctionnaires dans les locaux des entreprises, *LPA* 2001, n°143, p. 4.

MATSOPOULOU (H.), Les limites de l'étendue de la saisine du juge pénal en matière douanière sont fixées par la citation et les procès-verbaux joints à celle-ci, *Rev. sc. crim.* 2006, p. 618.

MATSOPOULOU (H.), La censure par la CEDH du dispositif français applicable aux perquisitions fiscales, *Rev. sc. crim.* 2008, p. 598.

MATSOPOULOU (H.), Le nouveau dispositif issu de la loi n°2008-776 du 4 août 2008 de modernisation de l'économie, applicable aux visites et saisies effectuées par les agents de certaines administrations, *D.* 2008, chron. 2814.

MOLINS (F.), V° Action publique, Répertoire pénal Dalloz.

PANNIER (J.), La mise en mouvement de l'action publique en matière de change, *D.* 1990, p. 266.

PANNIER (J.), A propos de la retenue douanière, *D.* 2010, p. 2352.

PECLAT (M.), Le rôle des avocats de l'administration fiscale dans le procès pénal, *QP* Juillet 2013, CESDIP.

PETIT (F.), Le formalisme des mises en demeure émises par l'URSSAF, *JCP E* 1998, p. 980.

REDON (M.), V° Transaction, Répertoire pénal Dalloz.

RIBEYRE (C.), Art 1er, Fasc. 20 Action publique et action civile – Action publique, Jurisclasseur de droit pénal et de procédure pénale, LexisNexis.

RICARD (T.), L'originalité de la procédure pénale en matière fiscale, *Dr. fisc.* 2007, p.57.

RIDEAU-VALENTINI (S.), Les droits de la défense en matière pénale douanière, *AJ Pénal* 2009, p. 206.

ROBERT (J.-H.), Les investigations des fonctionnaires investis de certaines fonctions de police judiciaire, in *Mélanges André Vitu*, Cujas 1989, p.431 et s.

ROETS (D.), L'article 4 du protocole n°7 (*non bis in idem*) dopé par la Grande Chambre, *Rev. sc. crim.* 2009, p. 675.

ROUSSEL (G.), V° Police judiciaire, Répertoire pénal Dalloz.

ROUSSEL (G.), Constitutionnalité du droit de communication des douanes, *AJ Pénal* 2012, p. 167.

ROUSSEL (G.), L'interruption de la prescription de l'action publique profite à l'action douanière, *AJ Pénal* 2014, p. 251.

SAAS (C.), La justice militaire en France, *APC* 2007, p. 183 et s.

SIERACZEK-ABITAN (M.), La commission des infractions fiscales : une garantie illusoire accordée aux contribuables, *Gaz. Pal.* 2000, n°221, p.2.

SILHOL (B.), L'inspection du travail et le choix de l'action pénale, *Droit social* 2000, p. 959.

STASIAK (F.), Principes de non cumul des peines et de non cumul des poursuites *ne bis in idem*, *Rev. sc. crim.* 2011, p. 118.

TREMEUR (M.), La commission des infractions fiscales, *LPA* 1995, n°153 p. 20.

Table des matières

Questions juridiques
aux éditions L'Harmattan

Dernières parutions

DROIT (LE) DE L'EXÉCUTION DES PEINES
Espoirs ou désillusions ?
Sous la direction de Fabienne Ghelfi
Les contributions proposent une analyse du droit actuel de l'exécution des peines et apportent une réflexion pertinente sur la mise en œuvre de ce droit. La promotion des aménagements de peine, comme le bracelet électronique ou la libération conditionnelle, est-elle une solution appropriée ? Est-il opportun de faire sortir les condamnés avant l'heure, sachant qu'ils ne sont pas suffisamment suivis ? Le juge d'application des peines et le ministère public sont-ils en mesure de prendre les «bonnes décisions» ?
(Coll. Droit privé et sciences criminelles, 17.50 euros, 160 p.)
ISBN : 978-2-343-03378-5, ISBN EBOOK : 978-2-336-35313-5

MÉDECINE (LA) À L'ÉPREUVE DU RISQUE PÉNAL
Sous la direction de Lina Williatte-Pellitteri
L'exercice médical offre un fort potentiel de contentieux pénal. Ce potentiel, les professionnels du droit comme les professionnels de la santé en ont conscience. Les premiers dénoncent l'absence de procédure pénale propre au monde de la santé, les seconds dénoncent une justice qu'ils ne comprennent pas. Le contexte rendant difficile une discussion efficace et constructive, ces réflexions s'efforcent de renouer le dialogue et de construire une communication intelligible pour tous.
(Coll. Droit, Société et Risque, 13.50 euros, 126 p.)
ISBN : 978-2-343-00774-8, ISBN EBOOK : 978-2-336-35266-4

PAIEMENT (LE)
Responsables scientifiques : Marc Mignot et Jérôme Lasserre Capdeville
En droit, la notion de paiement est un thème récurrent, que ce soit en droit civil, en droit des affaires, en droit bancaire ou encore en droit des procédures collectives. Comme le paiement est un acte économique avant d'être un acte juridique, plusieurs contributions sont consacrées à ce qu'un juriste peut considérer comme sa dimension matérielle. Le présent ouvrage contribue à dévoiler quelques-uns des secrets de l'acte de paiement. Il étudie les délais de paiement, les usages des instruments de paiement et les moyens de paiement.
(Coll. Droit privé et sciences criminelles, 31.00 euros, 300 p.)
ISBN : 978-2-343-03983-1, ISBN EBOOK : 978-2-336-35322-7

CONCILIATION ET MÉDIATION PRUD'HOMALES
Collectif GEMME-France
À l'initiative du Groupement européen des magistrats pour la médiation, conseillers prud'hommes, juges départiteurs, magistrats des cours d'appel et de la Cour de cassation ainsi que syndicalistes dressent ici un état des lieux et lancent des pistes de réflexion pour améliorer la qualité et l'efficacité de l'institution prud'homale. La question de la médiation prud'homale y est abordée avec les débats qu'elle suscite.
(12.00 euros, 108 p.)
ISBN : 978-2-343-00955-1, ISBN EBOOK : 978-2-296-53756-9

INTELLIGENCE (L') TERRITORIALE, UNE NÉCESSITÉ
Fath Bernard
Préface de Gérard Marcou
L'enjeu majeur pour les années à venir serait pour les collectivités territoriales de se doter des moyens propres à imaginer leur futur. Cependant l'État retire son ingénierie des territoires et s'ouvre sur les privatisations concurrentielles... Des solutions s'imposent, l'intelligence territoriale apparaît comme une hypothèse nécessaire pour impulser un futur mis en prospective. Le monde local foisonne d'initiatives propres à donner corps à l'intelligence territoriale.
(Coll. Grale, 27.00 euros, 274 p.)
ISBN : 978-2-343-00778-6, ISBN EBOOK : 978-2-296-53772-9

MARCHÉS (LES) PUBLICS À PROCÉDURE ADAPTÉE
Entre liberté et contrainte pour les collectivités territoriales
Ravignot Béatrice
Cette étude met en évidence les limites de la liberté octroyée aux pouvoirs adjudicateurs par le Code des marchés publics, dans le cadre de la conclusion de marchés à procédure adaptée. Du lancement de la procédure jusqu'au choix de l'attributaire et ses conséquences, les collectivités territoriales restent en effet soumises à des contraintes formelles ou procédurales, qui sont souvent identiques ou proches de celles existant dans le cadre des procédures formalisées.
(Coll. Master Collectivités territoriales et politiques publiques, 16.50 euros, 162 p.)
ISBN : 978-2-343-00223-1, ISBN EBOOK : 978-2-296-53768-2

FRANCE INTERCOMMUNALE (LA)
Regards sur la loi de réforme des collectivités territoriales du 16 décembre 2010
Sous la direction de Pierre-Yves Monjal et Vincent Aubelle
Les communautés de communes, d'agglomération et urbaines et autres métropoles, ne vont-elles pas porter un coup définitif à l'organisation décentralisée de la République ? La France n'est-elle pas sur le point de changer de mode de gouvernance locale en recourant à des procédés politiques et juridiques fondés sur les notions de mutualisation, de territoire pertinent, de développement, de communautarisation ?
(Coll. Grale, 39.00 euros, 406 p.)
ISBN : 978-2-336-29370-7, ISBN EBOOK : 978-2-296-53725-5

TRAITEMENT DES RESPONSABILITÉS CIVILE ET PÉNALE
Approche comparée en droit français et iranien
Nory Yoshanloey Jafar
La distinction contemporaine n'a pu empêcher le rapprochement pratique des responsabilités civile et pénale tant en droit français qu'iranien. Il apparaît qu'à la fonction réparatrice de la responsabilité civile peut s'additionner une fonction punitive qui s'incarnerait dans «la peine privée», et à la fonction répressive de la responsabilité pénale une fonction réparatrice appelée «restitution pénale». Ces deux modes de responsabilité doivent se rejoindre dans une cohérence juridique afin que la justice soit rendue avec une dimension sociale.
(Coll. Sciences criminelles, 35.00 euros, 348 p.)
ISBN : 978-2-336-29122-2, ISBN EBOOK : 978-2-296-53750-7

JACQUES VERGÈS
Un aristocrate de refus
Charvin Robert
Préface de Hervé de Charette
J. Vergès, avocat des causes difficiles, ne laisse personne indifférent. Il est l'ennemi de certains ayant fait son procès dans quelques mauvais livres mais l'ami des simples gens, l'encourageant à combattre encore et toujours les puissants. Sa vie est un roman, mais il n'est pas question de faire un roman de sa vie : il conserve son mystère comme tout homme dans sa complexité. Un avocat qui possède en lui des éléments de dignité, qui a dévoré sa vie avec sincérité.
(13.50 euros, 120 p.)
ISBN : 978-2-343-00533-1, ISBN EBOOK : 978-2-296-53645-6

SANG (LE) ET L'ENCRE
Et si Christian Ranucci était innocent ?
Le Meur Yann
Christian Ranucci, 22 ans, est guillotiné le 28 juillet 1976 à Marseille pour l'enlèvement et le meurtre d'une fillette de 8 ans. De la fin de l'instruction au pied de l'échafaud, où il demande à ses avocats de le réhabiliter, il a toujours clamé son innocence. S'appuyant sur des contre-enquêtes relatives à l'affaire, le dossier pénal et de longues investigations documentaires et de terrain, ce livre aboutit à des conclusions, toutes dans le sens de l'innocence de Ranucci.
(29.50 euros, 302 p.)
ISBN : 978-2-343-00604-8, ISBN EBOOK : 978-2-296-53558-9

IMMIGRÉ (L') ET LA GESTION DU PATRIMOINE
Loubassou Nganga Maixent
Cet ouvrage met à la disposition des personnes qui viennent d'arriver en France et qui ne connaissent pas l'environnement fiscal, juridique, bancaire et financier français, des outils indispensables pour une gestion optimale de leur patrimoine : choisir le meilleur régime matrimonial, organiser ou réorganiser de façon optimale leurs placements, trouver des produits de défiscalisation adaptés, choisir le meilleur placement immobilier.
(Coll. Pour Comprendre, 12.00 euros, 106 p.)
ISBN : 978-2-336-30090-0, ISBN EBOOK : 978-2-296-53639-5

ADMINISTRATION PÉNITENTIAIRE ET JUSTICE
Un siècle de rattachement
Sous la direction de Paul Mbanzoulou et François Dieu
Depuis le décret du 13 mars 1911, l'administration pénitentiaire est rattachée au ministère de la Justice. Au-delà de l'éclairage historique, qui occupe une place notable dans cet ouvrage, les contributions réunies ici examinent le positionnement actuel de l'administration pénitentiaire, ainsi que ses perspectives d'évolution à la lumière de quelques expériences étrangères.
(Coll. Criminologie, 26.00 euros, 256 p.)
ISBN : 978-2-343-00412-9, ISBN EBOOK : 978-2-296-53667-8

DÉMOCRATIE (LA) LOCALE À LA RECHERCHE D'UN NOUVEAU SOUFFLE
Marceau Anne
Préface de Gérard Marcou
Comment peuvent se concilier démocratie représentative et démocratie participative ? La multiplication des procédures de consultation ne nuit-elle pas à leur efficacité ? Quels seront les acteurs de la démocratie locale demain : les élus, les citoyens, les habitants, les usagers ? Les outils de démocratie locale mis en place ces dernières années constituent-ils un véritable renouveau ou apparaissent-ils comme le simple rhabillage de formules anciennes ?
(Coll. Grale, 32.00 euros, 308 p.)
ISBN : 978-2-343-00118-0, ISBN EBOOK : 978-2-296-53527-5

CONSEIL (LE) DES DROITS DE L'HOMME ET SES PRINCIPAUX MÉCANISMES
Bilan et perspectives d'actions pour le Burkina Faso à l'entame de son second mandat de membre
Merindol Ouoba Clarisse
Le Conseil des droits de l'homme a remplacé la Commission des Nations unies aux droits de l'homme. Cet ouvrage contribue à la dynamique de promotion et de protection de ces droits, notamment à travers les actions entreprises par cet important organe du système des Nations unies, dont le Burkina Faso est membre depuis 2008. L'auteur apporte un regard personnel sur les quatre années de présence de ce pays en son sein.
(14.50 euros, 142 p.)
ISBN : 978-2-336-29180-2, ISBN EBOOK : 978-2-296-53513-8

L'HARMATTAN ITALIA
Via Degli Artisti 15; 10124 Torino

L'HARMATTAN HONGRIE
Könyvesbolt ; Kossuth L. u. 14-16
1053 Budapest

L'HARMATTAN KINSHASA
185, avenue Nyangwe
Commune de Lingwala
Kinshasa, R.D. Congo
(00243) 998697603 ou (00243) 999229662

L'HARMATTAN CONGO
67, av. E. P. Lumumba
Bât. – Congo Pharmacie (Bib. Nat.)
BP2874 Brazzaville
harmattan.congo@yahoo.fr

L'HARMATTAN GUINÉE
Almamya Rue KA 028, en face du restaurant Le Cèdre
OKB agency BP 3470 Conakry
(00224) 60 20 85 08
harmattanguinee@yahoo.fr

L'HARMATTAN CAMEROUN
BP 11486
Face à la SNI, immeuble Don Bosco
Yaoundé
(00237) 99 76 61 66
harmattancam@yahoo.fr

L'HARMATTAN CÔTE D'IVOIRE
Résidence Karl / cité des arts
Abidjan-Cocody 03 BP 1588 Abidjan 03
(00225) 05 77 87 31
etien_nda@yahoo.fr

L'HARMATTAN MAURITANIE
Espace El Kettab du livre francophone
N° 472 avenue du Palais des Congrès
BP 316 Nouakchott
(00222) 63 25 980

L'HARMATTAN SÉNÉGAL
10 VDN en face Mermoz, après le pont de Fann
BP 45034 Dakar Fann
33 825 98 58 / 33 860 9858
senharmattan@gmail.com / senlibraire@gmail.com
www.harmattansenegal.com

L'HARMATTAN BÉNIN
ISOR-BENIN
01 BP 359 COTONOU-RP
Quartier Gbèdjromèdé,
Rue Agbélenco, Lot 1247 I
Tél : 00 229 21 32 53 79
christian_dablaka123@yahoo.fr

Achevé d'imprimer par Corlet Numérique - 14110 Condé-sur-Noireau
N° d'Imprimeur : 112497 - Dépôt légal : octobre 2014 - *Imprimé en France*

www.ingramcontent.com/pod-product-compliance
Lightning Source LLC
LaVergne TN
LVHW010927061026
849535LV00007B/2270

* 9 7 8 2 3 4 3 0 4 5 9 9 3 *